하나님과 꿈꾸기

DREAMING With GOD

copyright © 2006 Bill Johnson
All right Reserved.
Published by Destiny Image Publishers, Inc
P.O. Box 310, Shippensburg, PA17257-0310
All right Reserved.
Korean Translation Copyright (c) 2009 Tabernacle of David.

이 책의 한국어판 저작권은 다윗의장막미디어에 있습니다.
저작권법에 의해 한국에서 보호받는 저작물이므로 무단전재와 무단복제를 금합니다.

하나님의 창조적 물결을 따라
세상을 새롭게 고칠 수 있는 비결

하나님과 꿈꾸기

빌 존슨 지음 · 고병현 옮김

다윗의 장막

| 헌정사 |

 이 책을 제 인생의 '아버지'되신 분들께 바칩니다. 스스로의 가능성을 찾지 못하고 있을 때 제 삶의 최선을 보시고 전혀 사심 없이 도와주셨던 분들이시죠. 저보다 나이가 훨씬 많은 분들만 있었던 것은 아니지만, 모두 저보다 성숙하고 안정적이셨습니다. 영원히 그분들의 은혜를 갚을 수 없을 것입니다.

 육신의 아버지(M. Earl Johnson)께 먼저 감사 드립니다. 강단에서와 같이 가정에서도 정직하고 겸손하며, 확실한 비전을 가지고 가정을 돌보시는 분이셨습니다. 성품도 뛰어나시고 긍휼이 많으셨으며, 예배자의 삶을 사셨지요. 이제 당신의 영혼의 연인인 예수님과 함께 계시게 되셨습니다. 아버지, 감사해요! 영원히 감사하며 살겠습니다.

 치프 워딩턴(Chip Worthington) 님. 기도하는 삶이 얼마나 가치 있는지 가르쳐 주시고, 부흥에 대한 갈망을 가지도록 저를 훈련시켜 주셨습니다.

마리오 무리요(Mario Murillo) 님. 기적은 정상적인 것이며 부흥은 가능한 것이고, 예수께 완전히 팔린 사람이 되는 것이 진실로 만족스러운 삶이라는 것을 깨닫도록 도와주셨습니다.

대럴 블런트(Darol Blunt) 님. 은혜의 삶을 몸소 보여 주시고, 제 삶 가운데 주님의 기쁨을 발견하도록 도와주셨습니다.

딕 조이스(Dick Joyce) 님. 작은 마을의 작은 교회 목회자로서 저에게 헌신하신 그 모습을 통해, 저는 결코 잃고 싶지 않은 하나님의 왕국 원칙의 기준들을 세울 수 있었습니다. 그리스도인의 정상적인 삶이란 초자연적인 것임을 예증해 주셨습니다.

여러분 모두께 감사를 전합니다. 백만 번도 더 감사합니다.

| 감사의 말씀 |

제 원고를 편집해 주신 댄 패럴리(Dann Farrelly) 님, 캐럴 레지네이토(Carol Reginato) 님, 앨리슨 아머딩(Allison Armerding) 님의 사랑어린 수고에 감사 드립니다. 여러분이 없었다면 이 책은 나올 수 없었을 것입니다.

베델 교회 식구들 모두에게 감사를 전합니다. 여러분은 놀라운 분들입니다. 하나님을 향한 지침 없는 열정, 모험을 감수하는 여러분의 생활 방식 덕분에 하나님께서 제 인생에 있어 최고로 역사하시는 것들을 보게 되었습니다. 우리 함께 다음 단계를 향해 갑시다!

| 추천사 |

빌 존슨은 하나님과의 사귐, 그리고 그로 말미암는 온갖 신비와 계시, 능력, 영광에 갈망이 있는 사람입니다. 무엇도 빠뜨리고 싶어 하지 않는 사람이지요. 불가능한 모든 일, 하나님께서만 하실 수 있는 모든 일에 대한 돌파를 얻기 위해 씨름을 합니다. 그리고 열정과 예배 가운데 '미래에만 가능하리라고 생각했던 것들을 체험할 수 있도록 해주시라고' 하나님께 부르짖습니다. 빌 존슨은 현재 부흥 가운데 살고 있으며, 이 책 가운데 그의 인도를 따를 때 더 높은 곳을 향하여 나아가도록, 다가올 세대의 능력을 점차 더 맛볼 수 있다는 것은 진귀한 기쁨입니다.

아이리스 사역체의 설립자/대표이며 〈There's Always Enough〉의 저자인
롤랜드 베이커 박사 & 하이디 베이커 박사 부부

빌 존슨은 놀라운 친구이며 언약의 형제요, 비범한 기적과 이

사를 행하는 부흥주의자(Revivalist)입니다. 그리고 책과 계시적인 강의들을 통해 저에겐 하늘 왕국에 대한 멘토 역할을 해주었습니다. 그의 강의를 통해 셀 수 없이 많은 이들이 영향을 입었듯 〈하나님과 꿈꾸기〉가 여러분의 인생을 바꿔 놓으리라 의심하지 않습니다.

캘리포니아 주 패서디나에 위치한 하베스트 락 교회의
원로 목사이자 국제 추수 사역체의 설립자/대표,
〈성령의 불 속으로〉, 〈당신은 치유 받기 원하는가〉의 저자 체 안 박사

하나님의 궁극적인 의도와 목적이 무엇인지 궁금한 적이 있었다면, 빌 존슨이 쓴 〈하나님과 꿈꾸기〉에서 분명히 그 해답을 발견할 것입니다. 책을 읽으니 빌 존슨이 제 생각을 읽고 저의 갈망을 알고 있는 듯한 생각이 들었습니다. 마침내 이 진리들을 책으로 펴낼 용기 있는 사람이 있었구나 생각했습니다.

빌 존슨이 하나님의 상속자들이 사용할 수 있는 왕국 무역의 '도구들'에 대해 이야기하는데, 이 책이 이 시대에 하나님의 은혜의 부요함 가운데 들어가도록 돕는 가장 위대한 '도구'가 아닐까 생각했습니다. 빌 존슨의 삶과 사역을 떠올려 보면, 아주 선명하게 생각나는 것이 바로 '조화'라는 단어입니다. 그는 내면과 외면 모두 뛰어난 사람이며 아주 조화로운 상태에 있습니다. 빌 존슨의 강의를 들어본 적이 있다면, 그와의 친밀함을 기뻐하시는 하나님과

완전히 조화를 이룬 삶을 살아간다는 증거가 자연스럽게 흘러나오는다는 것을 알 수 있을 것입니다. 각 장을 읽을 때마다 충분히 시간을 들여 우리 가운데 내주하시는 그리스도의 비밀과 감춰진 신비를 발견하며, 여러분의 심령을 지혜로 집중하고 하나님과 더불어 크게 꿈꾸도록 해보십시오.

마크 카이로나 사역체, 플로리다 주 올랜도에 위치한
국제 주님의 터치 교회 마크 카이로나 박사

빌 존슨의 신간 〈하나님과 꿈꾸기〉는 '보류 상태'(hold in abeyance)에 있는 그리스도인들을 위해 쓰인 책입니다. 아직 순종으로 나아가지 못하고 보류 중인 신자들 말입니다. 이는 군대에서 전쟁에 이기고자 장군이 특별한 사명을 위해 엄선된 병사들을 훈련시키는 것을 가리키는 용어입니다. 장군은 군사들을 측선에 대기시키고, 군사들은 최후의 전투를 위해 대비할 수 있도록 도와주는 특별 훈련을 받습니다. 갈등이 일정 단계까지 고조되어 장군이 인식할 수 있게 되면, 완벽히 준비된 그들이 전장에 들어가 마무리를 짓는 것입니다.

빌 존슨의 책을 읽는 동안 저는 계속해서 그의 전투 계획, 영적 어둠과 영적 광명 사이의 최후 충돌에 대한 설명이 얼마나 적절한지 여러 차례 감동을 받았습니다. 이 책이 특별히 '보류 상태'에 있는 이들을 위해 쓰인 것이라 믿습니다. 우리는 전투를 마무리 지으라는 출전 명령만을 기다리고 있는 것입니다. 여러분이 이와 같은 때를 위해 준비되어 왔다는 사실을 깨닫고 영적인 도전을 받게 될 것입니다.

국제적 전도자, 컨퍼런스 강사, 〈성령 충만한 성도를 위한 매일 묵상〉

〈결혼의 기쁨〉의 저자 딕 밀스

빌 존슨은 신간 〈하나님과 꿈꾸기〉를 통해 크나큰 공헌을 했습니다. 그가 앞서 쓴 두 권의 책에 이어지는 탁월한 작품입니다.

이 시대는 빌 존슨의 생각과 책들의 막대한 영향력을 역사로 기억할 것입니다. 하나님의 왕국에 대해 이야기하고 있지만, 그것이 전부는 아닙니다. 이는 미쁘고 균형 잡힌, 권위 있고 실험적으로 증명된 바입니다. 특별히 베델 교회와 캘리포니아 주 레딩에서 전반적으로 일어나고 있는 일들이 실제로 그것들을 뒷받침하고 있기 때문입니다. 빌 존슨이 전 세계를 누비며 증거하고 하나님 왕국에 대한 강의로 결실을 보고 있다는 점들을 고려해 보면, 전혀 반박할 수 없는 증거들로 가득한 메시지를 읽게 됨을 알 수 있습니다.

저는 몇 달 전 빌에게 이렇게 물었습니다.

"자네가 18년 동안 하나님의 왕국에 대해 설교해 왔다는 사실, 그리고 지금 레딩과 베델 교회에서 일어나고 있다는 일들은 어떤 면에서 관련이 되어 있는 거야?"

그는 즉각적으로, 이렇게 간추려 대답했습니다.

"모든 면에서 연관된 거야."

다차원 사역체 설립자, 〈능력 있는 하나님 말씀〉의 저자 잭 테일러

진리를 찾는 사람에게는 이 책이 스스로의 사고 방식에 도전할 수 있는 기회이자 삶의 방식에 영향을 미치는 진리들을 발견하는 기회가 될 것입니다. 한 장 한 장에 담긴 계시를 이해하고 적용하기 위해 여러 차례 반복해서 읽어야 할 것입니다. 이 책을 통해 저는 개인적으로 말하지 못했던 질문들에 대해 분명한 답을 얻게 되었고, 제가 열망하고 목적하는 바를 실제적으로 이해하게 되었으며 하나님 아버지를 더욱 사랑하게 되었습니다.

램프 청소년 사역체 설립자, 찬양 사역자, TBN 프로그램 사회자 캐런 위튼

친구 빌 존슨이 다시금 천국을 지상으로 이끌어 오기 위해 명쾌한 소리를 내고 있습니다. 이 책의 내용은 생각을 일깨우고 영감을 주며, 그 무엇보다도 하나님 안에서 유산을 다시 찾으려 열망하는 그리스도인들에게 분명한 도전을 줍니다. 이 책을 읽는 순간 일상적인 것에 더 이상 만족할 수 없게 될 것입니다. 우리 삶 가운데 하나님 왕국이 세워지기를 바라는 빌 존슨의 열정은 대단히 전염적이어서, 하나님과의 특별하고 초자연적인 만남을 바라는 욕구에 자극을 줄 것입니다. 신선하고 진정성 있는 이 책

은 여러분의 생각에 혁명을 불러일으킬 것입니다.

국제 컨퍼런스 강사, 〈쉽게 푼 예언〉, 〈영의 대화〉의 저자 래리 랜돌프

작가인 빅터 휴고는 이렇게 말했습니다.

"이미 그때가 이른 아이디어보다 강력한 것은 없다."

사실 그보다 더 강력한 것은, 하나님의 아이디어입니다. 〈하나님과 꿈꾸기〉는 바로 그 아이디어에 대한 것입니다.

역사상 가장 큰 부흥 가운데 그리스도 안에서 한 획을 긋고 싶습니까? 목적에 이끌려, 은사가 넘치며 영적 권능으로 덧입혀질 수 있다는 것을 알고 있습니까? 교회의 사명이 세상을 모방함으로써 세상을 감동시키는 것이 아님을 알고 있습니까? 하나님께서는 세상이 감당할 수 없는 독창적인 음악, 발명, 예술, 그리고 기적으로 우리를 부르셨다는 것을 아십니까? 우리는 하나님을 그저 알고 그분께 예배할 뿐 아니라, 그분과 더불어 꿈꿀 수 있습니다. 이 책은 그 꿈들을 어떻게 실현할 수 있는지 보여 줄 것입니다.

독창적인 표현은 그야말로 한이 없고 하나님께서 창조하신 각 사람의 모습만큼이나 독특합니다. 빌 존슨은 하나님을 제한하며 우리가 진일보하지 못하도록 망쳐버린 전통을 드러내 보여줍니다. 왜 영적 전쟁 가운데 그토록 사상자가 많을 수밖에 없었는지를 알게 되는 것입니다. 우리는 지금껏 설교자들만 전장으로

밀어 넣고, 나머지 하나님의 군대는 십일조만 내는 방관자들로 응원석에 앉혀 두었습니다.

이 책은 세상 모든 그리스도인들에게 무기를 줍니다. 새 시대의 성도들에게는 예술, 사업, 과학, 교육, 정치, 심지어 미디어도 안전하게 몸을 숨길 수 있는 곳이 아닙니다. 평범한 그리스도인들이 지금 세상의 어둠이 감당하기 어려운 탁월, 독창성, 기술의 근원으로 탈바꿈될 것입니다.

전도자, 마리오 무리요 사역체의 설립자, 〈비판적 대중〉,
〈내가 바로 사탄이 경고했던 그 그리스도인〉의 저자 마리오 무리요

빌 존슨은 인류 발달의 가장 중요한 개념 중 한 가지를 간파했습니다. 어떻게 하나님의 뜻을 꿈꾸는가에 대한 것이지요. '열망'의 개념과 인간 활동, 창의성, 지혜, 그리고 개인적인 성취에 있어 열망의 역할을 두고 빌 존슨이 보여 주는 통찰력 있고 영감 넘치는 설명은, 인간의 심령에 대한 깊은 의문들에 대한 해답을 주기에 부족함이 없을 것입니다. 모든 이들에게 이 책을 강력히 추천합니다.

바하마 섬의 국제 MMI 대표 마일즈 먼로 박사

하나님 왕국의 목적을 붙들고자 손을 뻗는 모든 이들에게 빌 존슨은 잠재적 창조성을 풀어 줄 결정적인 열쇠를 건네 줍니다.

각 장을 읽는 가운데 여러분은 스스로의 은사가 얼마나 독특한 것인지를 새롭고, 훨씬 더 잘 이해할 수 있게 될 것입니다.

상류 사역체 설립자, 사도적 자문가, 컨퍼런스 강사 랜덜 윌리

빌 존슨이 쓴 〈하나님과 꿈꾸기〉는 대단한 책입니다. 다른 이들이 성경을 해석하는 전통적 방식이나 복음주의 신학자들의 관습적 의견에 모순된다는 이유로 말하지 못했던 것들을 말하고 있기 때문입니다.

율법이 아닌 은혜에 기초한 책을 썼습니다. 이 책은 하나님께 어떤 성과를 보여드리려고 하는 것이 아닌, 그분께서 우리를 즐거워하시듯 우리도 주님을 즐거워함에 대한 것입니다. 빌 존슨은 천상의 관점에서 지상을 바라보게 하고, 16세기의 관점이 아닌 1세기의 관점으로 말씀을 다시 읽게 합니다. 그 심오한 의미를 멈춰 생각하지 않고 이 책을 읽어나갈 수 있는 사람이 있을지 모르겠습니다. 〈하나님과 꿈꾸기〉는 지상의 한계로 인한 어려움, 도전, 문제들을 보지 않고 하늘의 무한한 능력을 바라봅니다.

이 책은 겁과 의심이 많고, 기독교를 윤리적·철학 정도로 절하하는 이들을 위한 것이 아닙니다. 성경에 나오는 기독교와 똑같은 초자연적 기독 신앙의 모습과 그리스도를 믿는 이들의 초자연적 위업이 넘치는 교회의 역사를 가진 기독교를 갈망하는 이들을 위한 것입니다.

국제 각성 사역체, 〈나같이 작은 사람도 사용하실 수 있는 하나님〉과
〈이것이 다가 아니다〉의 저자 랜디 클라크

    열정에 사로잡힌 예배자는 항상 목적 지향적인 일꾼보다 더 많은 성취를 이룹니다. 전자가 교제와 친밀함으로 인해 동기 부여를 받는다면, 후자는 두려움과 책임감이 동기가 됩니다. 에베소 교회는 인내하고 수고했지만, 첫 사랑을 잃어버렸습니다. 한편 바울은 데살로니가 교회가 보여 준 사랑의 노고를 칭찬합니다.

    빌 존슨은 우선순위를 재고하라고 도전하며, 이를 통해 우리가 인내하는 생산자가 아니라 열정적 동역자가 되라고 합니다. 결국 능력 있고, 위업을 이루는 이들은 하나님을 아는 사람들이기 때문입니다.

〈예수 서신〉의 저자 데이 레이븐 힐

    빌 존슨의 책을 읽을 때마다 저는 눈물을 감출 수 없습니다. 왜냐하면 말 없이 눈물만 흘리고픈 열망이 깨어나기 때문입니다. 마치 제 영이 갈망하는 왕국의 입구에 서 있는데 불현듯 지금까지 제 영 주변에서 달그락거리기만 했던 개념들에 대한 언어와 정의가 생기는 것 같습니다. 〈하나님과 꿈꾸기〉를 읽고 나니 제 영에는 책의 마지막 문장이 메아리 쳤습니다.

"내 세대가 체험할 수도 있었을 무언가를 놓친다는 생각은 순전히 고문 같다. 나는 이런 분위기 속에서 도저히 잠을 잘 수 없다. 왜냐하면 잠이 들면 내가 태어난 이유를 놓칠 것을 알기 때문이다."

이 책은 하나님과 더 깊게 살아가고픈 영감을 주었습니다.

'영웅이 돼라'의 협력 설립자, 〈성경 기도하기〉의 공동 저자 스테이시 캠벨

〈하나님과 꿈꾸기〉에서 빌 존슨은, 늘 그래 왔듯 자신의 역량을 초월했습니다. 이 눈부신 작품에서 우리는 성경의 다윗이 '더 높은 수위선을 새로 설정했다'는 표현을 봅니다. 그런데 빌 존슨도 마찬가지입니다. 하나님께서 우리 모두에게 이렇게 말씀하신다고 합니다.

"성전은 내 생각이 아니었다. 다윗이 내 생각이었다."

이 책이 이야기하듯 여러분이 주님의 생각이라면, 꿈을 이루지 못해 낙심하고 있는 사람이라면, 빌이 쓴 이 책은 여러분을 위한 것임을 아십시오. 왜냐하면 정말 여러분이 하나님의 생각이기 때문입니다! 그리고 그것이 기쁜 소식이 아니라면, 사람들이 말하듯 "기쁜 소식이 들릴 때까지는 충분할 것"입니다.

ELIJAH LIST, 〈예언의 소리〉지 창립자 스티브 슐츠

영감 충만한 시편 기자는 "의로운 자의 길은 완벽한 날이 이

르기까지 점점 더 밝게 빛난다"고 말했습니다. 교회가 돌파를 통해 새로운 계시를 만날 때, 온 세상이 깨달음을 얻습니다. 종교개혁은 르네상스를 낳았고, 세계 발명품의 90퍼센트는 1906년 아주사 거리 부흥이 있은 뒤에 탄생되었습니다. 1980년대에 예언적 운동이 가속도를 얻자 또 한 번 능력이 급증되었고, 7년마다 지식이 배가되었습니다!

사도들은 이제 우리를 '완벽한 날'의 랑데부로 인도하고 있습니다. 책을 낼 때마다 점점 더 밝은 계시의 길을 만들어내는 빌 존슨 같은 이들 덕분이지요. 세상이 더 깊은 어둠을 향해 기어갈 때, 빌 존슨같이 횃불을 든 이들은 만져질 듯 접근 가능한 언어로 된 영광의 지식을 풀어놓아 문을 엽니다. 마지막 때에 위업이 될 수밖에 없는 것이지요. 저에게도 대단한 영감을 주었습니다!

랜스러닝 그룹 회장, 국제 컨퍼런스 강사 랜스 월나우

서문 • 22

서론 • 25

PART 1 하나님과의 동역
하나님께서는 그분의 백성들의 갈망을 위해
스스로를 연약하게 만드셨다 • 29

PART 2 창조적 경계
믿지 않는 사람들이 발명과 예술 표현에 있어 주도적인 것은,
교회가 잘못된 영성을 붙들었기 때문이다 • 55

PART 3 신비의 가치
하나님께서는 우리로부터가 아니라 우리를 위해 감추신다 • 85

PART 4 성령의 언어
하나님께서는 당신으로부터가 아니라 당신을 위해 감추신다 • 107

PART 5 바벨론 침략
일터에서 기능하지 못하는 복음은 효력이 없다 • 141

| 목차 |

PART 6 실질적인 면
나에게 중요한 것이라면 주님께도 중요하다 • 181

PART 7 계시의 영
계시의 영이 있을 때 번성하고, 없을 때 멸망한다 • 207

PART 8 살아 있는 말씀을 기뻐하라
초대 교회가 가지지 못했던 책을 초대 교회가 가졌던 성령보다
중시한다면 그들과 동일한 열매를 얻기 어렵다 • 231

PART 9 세상을 새롭게 디자인하라
성령은 믿음 없는 신자들의 몸 속에 갇혀 있다 • 261

PART 10 내일을 오늘로 끌어당기라
우리는 아직 존재하지 않는 것을 소유하고 있다 • 281

| 서문 |

별들도 말한다는 것을 알았는가?

아브라함 시대에는 그랬었다! 우주의 창조주께서는 그분의 친구에게 직접적이고 놀라운 말씀을 주셨다. 나가서 밤하늘에 빛나는 별들이 몇 개나 있는지 세어 보라고 하신 것이다. 상상해 보라. 밤에 별을 세다니!

그래서 아브라함은 어떻게 했을까? 나가서 별을 세기 시작했다! 내 생각엔 이랬을 것 같다. 아브라함이 아내 사라에게 잘 자라고 인사한 뒤 저녁 공기를 마시며 하늘을 쳐다보고 사색하는 긴 산책을 한 것이다. 독백도 하고 하나님과 이야기도 하면서 별을 세라고 하신 말씀에 순종했다.

"하나, 둘, 셋, …스물일곱, …마흔다섯, …백쉰다섯, …이천예순둘, 어, 어, 어… 와, 별을 세라고요?! 무슨 말씀이세요? 끝이 없는 것 같아요. 못 세겠어요."

주님께서 대답하신다.

"아브라함, 별을 세어 보아라."

위에 계신 분께서 이 이상한 명령을 가지고 무슨 말씀을 하시려는 건지 머리로 인지하려는데 조금 당황스럽다. 아브라함은 보이지 않으시는 분의 음성을 좇아 계속 탐구한다.

"삼천칠백, 오…잊어버렸네. 어디까지 했지?"

다시 음성이 들려오는데, 이번에는 약간의 내면적 설명을 해주신다. "별의 숫자가 네 후손의 숫자가 될 것이다."

"네? 뭐요? 사라랑 제가 결혼한 지 오래 됐는데도 아이가 없는 것 아세요?" 그런데 주님의 음성이 계속된다.

"별을 세어 보아라. 얼마나 있니?"

그렇다. 별들이 아브라함에게 말했다. 밤마다 나가서 불가능한 영역을 바라보다보니 어쩌면 잠시 동안 별들의 목소리가 괴롭혔을지도 모르겠다. 하지만 어디에선가 무슨 변화가 일어났다. 상황이 달라졌을까? 아니다. 최소한 아직은 그렇지 않았다. 그러면 무엇이 바뀐 걸까? 바로 우리처럼, 아브라함도 머리로 따지는 데서 마음으로 믿는 데로 움직였다.

어떻게 된 건지 하나님의 꿈이 아브라함의 마음속에 스며들었다. 수많은 시도와 시험, 오류 끝에 아브라함은 밤에 나가 기뻐할 수 있는 지점에 이르렀다! "그래, 약속이 있지! 나를 위한 약속! 저 별은 하나님의 말씀이 성취될 것이라고 선포하고 있는 거야! 그래, 저기 빛나는 저 별이 내게 말해 주네. 하나님의 약속은 '예와 아멘'이라고 말이야!"

그렇다. 별들도 말을 한다.

이야기가 어떻게 끝나는지 여러분도 알 것이다. 우리 모두에게 영향을 미친 역사의 실제 이야기다. 보라. 하나님께서는 꿈꾸는 분이시며 그분의 꿈을 함께 꿀 이들을 찾고 계신다.

모든 세대 가운데 꿈꾸는 자들이 일어난다. 이들은 사람이 만든 틀을 벗어나 생각하며 남보다 앞서 만들기를 두려워하지 않는다. 하지만 오늘날 새로운 종류의 꿈꾸는 자들이 나타나고 있다. 이들은 다가올 것들에 대해서만 이야기하는 것이 아니라, 지금 이곳에 그것들이 존재하도록 불러낸다. 그들은 꿈을 살아가는 것이다.

그러므로 나는 이 사람과 이 메시지를 여러분에게 소개할 수 있음을 매우 기쁘고 영광스럽게 여긴다. 빌 존슨 말이다. 그의 메시지는 분명 꿈이다! 여러분에게 사람과 메시지가 하나인 예를 보여 줄 수 있다는 것에 극도의 영예를 느낀다.

보라, 여기 또 한 명의 꿈 꾸는 자가 온다! 여러분도 성장하는 무리에 끼고 싶지 않은가?

그렇다. 별들은 계속해서 말한다!

인카운터즈 네트워크 공동 설립자, 〈잊혀진 훈련, 중보기도〉, 〈선견자〉, 〈꿈의 언어〉의 저자 제임스 골

서론

 주님의 교회가 일어나 잠재력을 발휘하고 세계사의 흐름을 바꿔 놓기를 바라며 이 책을 쓴다. 우리는 열등한 메시지를 가진 것이 아니다. 인생과 가족, 도시의 변혁을 통해 증거될 수 있는 것은 이 메시지뿐이다. 〈하나님과 꿈꾸기〉는 아직 이루지 못한 이들의 부르짖음에 대한 대답으로 쓰인 것이다. 참된 신자들에게 꿈꿀 권한을 주기 위한 것이다. 하나님께서 그분과 협력하여 거룩한 계획을 나타내기를 갈망하신다는 것을 알기에 말이다.

 〈하나님과 꿈꾸기〉는 내 책 〈변화된 마음의 초자연적 능력〉의 한 장의 제목이다. 영서 출판사의 담당자 단 밀램은 그냥 한 장의 제목으로 쓰기에는 아까운 문장이라며 주목했다. 나는 동의했고, 그것을 확장시키려 시도했다.

 격려해 준 단에게 감사를 드린다!

PART 1

하나님과의 동역

제자들은 모든 것을 버리고 따라오라고 자신들에게 말씀하신 이분에 대한 경외감 속에 살았다. 그들의 결정은 쉬웠다. 주님께서 말씀하시면, 이전에 존재하지 않았던 무언가가 내면에 살아 움직였다. 주님의 음성에는 목숨을 걸 만한 가치의 무언가가 있었다.

"너희는 내가 명하는 대로 행하면 곧 나의 친구라." **요 15:14**

CHAPTER 01

하나님께서는 그분의 백성들의 갈망을 위해
스스로를 연약하게 만드셨다

제자들은 모든 것을 버리고 따라오라고 자신들에게 말씀하신 이분에 대한 경외감 속에 살았다. 그들의 결정은 쉬웠다. 주님께서 말씀하시면, 이전에 존재하지 않았던 무언가가 내면에 살아 움직였다. 주님의 음성에는 목숨을 걸 만한 가치의 무언가가 있었다.

예수와 보내는 매일은 제자들이 이해할 수 없는 것들이 꾸준히 쏟아졌다. 귀신 들린 사람이 예배 도중에 예수의 발아래 넘어진다든지, 고압적인 종교 지도자들이 그분의 존재 앞에 잠잠해진다든지. 모든 것이 압도적이었다. 제자들의 삶은 다른 모든 것들을 실망 이상의 모습으로 만든 의미와 목적에 사로잡혔다. 물론 그들에게도 개인적인 문제들이 있었겠지만, 하나님께서 돌봐주셨으니 더 이상 아무것도 문제가 아니었다.

제1장 하나님과의 동역

이들이 체험한 생활 방식이 갖는 가속도라는 것은 우리가 이해하기 어려울 수준이다. 모든 단어, 모든 행동 하나하나가 영원의 의미를 갖는 듯했다. 이 왕을 섬기며 궁정에 있는 것이 스스로 지은 저택에 사는 것보다 훨씬 나을 것이라는 판단을 했으리라. 이들은 다윗이 하나님의 임재 가운데 거하는 것을 최우선으로 했던 때에 느꼈던 점을 직접적으로 체험하고 있었다.

궁극적 전환

지상의 삶을 마치는 시점에, 예수께서는 제자들을 궁극적으로 승진시켜 주셨다. 더 이상 열두 제자들을 종이라 부르지 않고 친구라 하겠다고 말씀하신 것이다. 주님과 같은 방 안에 있는다든지, 멀리서나마 그분을 동경할 수 있다는 것만 해도 그들에겐 과분했다. 하지만 예수께서는 이들을 자신의 삶 속으로 데려오셨다. 그들은 인류 역사상 그 어떤 것보다 대단한 승진을 체험했다. 종이었다가 우정어린 사이가 된 것이다. 어쩌면 옛적의 에스더만 이들이 느꼈을 승진의 기분을 이해할 수 있을 것이다. 노예의 후손인 여종이었다가 여왕이 되었으니 말이다.

"이제부터는 너희를 종이라 하지 아니하리니 종은 주인이 하는 것을 알지 못함이라. 너희를 친구라 하였노니 내가 내

아버지께 들은 것을 다 너희에게 알게 하였음이라." 요 15:15

이 승진을 통해 이제 임무를 부여 받는 것이 아니라 손 닿을 수 있는 거리에 계신 그분을 바라보게 되었다. 이들은 하나님의 마음 가운데 있는 비밀에 접근할 수 있게 된 것이다.

제자들에게 이러한 승진을 허락하셨을 때 예수께서는, 두 신분의 차이를 묘사하심으로 그 의미를 설명하셨다. 종들은 주인이 하는 일을 알지 못한다. 종들은 주인의 개인적인 면, 사사로운 면을 알 길이 없다. 종들은 일 중심적이다. 순종이 그들이 중점을 두는 분야다. 그리고 마땅히 그래야 할 것이, 그 분야에서 성공해야 자신들의 생명이 보존되기 때문이다. 하지만 친구라면 초점이 다르다. 친구에게는 순종이 최우선이 아니라고 말한다면 자칫 신성모독처럼 들리겠지만, 그것이 사실이다. 이 앞의 구절이 강조하듯, 순종은 항상 중요한 것이다.

"너희는 내가 명하는 대로 행하면 곧 나의 친구라." 요 15:14

하지만 친구는 불순종한다는 것보다 실망시킨다는 면에 더욱 신경을 쓴다. 제자들의 초점은 계명에서 임재로, 임무에서 관계로, "내가 주님을 위해 무엇을 하는가"에서 "내 선택들이 주님께 어떤 영향을 미치는가"로 전환되었다. 이러한 친구 관계가 허락되었기 때문에 우리가 지속적으로 경험하는 혁명이 가능해진 것이다.

승진을 통한 전환

이 승진 제안을 받아들이면, 우리 마음엔 여러 가지 패러다임의 전환이 일어난다.

첫째, 우리의 지식이 변화된다. 왜냐하면 아버지의 마음에 접근할 수 있게 되기 때문이다. 주님의 마음은 우리가 삶 전체 가운데 성공적으로 기능하는 데에 필요한 정보의 커다란 근원이다. 아버지께 나아갈 수 있도록 우리를 위해 모든 값을 치러 주셨고, 우리는 주님 마음의 무한한 지식을 통해 얻게 되는 진리로부터 자유를 얻는다. 자유가 이 승진에 포함되어 있는 것이다.

둘째, 우리의 체험이 변화된다. 하나님과 친밀하게 만나는 것은 종으로서 만나는 체험과 꽤 다르다. 주님의 심장 박동이 우리의 심장 박동이 되고, 우리 스스로의 갈망이 변화되는 것을 보며 기뻐한다. 주님의 임재의 영역이 우리가 가진 최고의 유산이 되고, 주님과의 만남이 우리에게 가장 소중한 기억이 된다. 인격적 변화라는 것은 이러한 초자연적 체험을 통해서만 가능하다.

셋째, 인생 가운데 우리의 기능이 전적으로 변화된다. 주님을 위해 일하는 것이 아니라 주님과 더불어 일하게 된다. 주님의 은혜를 얻기 위해 일하는 것이 아니라, 주님의 은혜를 입었기 때문에 일한다. 이 자리에 서면 주님께서 그분의 더 큰 능력을 위임하시고, 우리는 자연스럽게 더욱 그분을 닮아가게 된다.

넷째, 우리의 정체성도 급진적 변화를 겪는다. 우리의 정체성은 우리의 현재와 미래의 존재에 대한 색조를 정한다. 스스로의 진정한 정체성을 알고 살아가는 그리스도인들은 다른 이들의 의견에 실족하지 않는다. 다른 이들의 기대에 맞추고자 일하는 것이 아니라, 아버지께서 자신에 대해 무엇이라 말씀하시는지를 깨닫고 불타오른다.

초점의 전환

종과 친구의 차이에 대한 고전적인 예가 마리아와 마르다의 비교다. 마리아는 예수의 발 아래 앉기를 택한 반면, 마르다는 부엌에서 일을 하기로 했다. 눅 10:38-42 참조

마리아는 주님과 함께 있어 그분께 기쁨이 되고자 한 한편, 마르다는 섬김을 통해 기쁘시게 해드리려 애썼다. 질투를 느낀 마르다는 마리아를 부엌으로 보내 함께 일하게 해달라고 예수께 부탁 드렸다. 대부분의 종들은 친구의 위치를 끌어내려 자신들이 하나님께 접근하는 일 중심의 방식을 정당화하고자 한다. 예수께서 하신 대답을 기억하면 좋을 것이다.

"마리아는 이 좋은 편을 택하였으니."

마르다는 예수께서 시키신 적이 없는 샌드위치를 만들고 있었다. 하나님을 위해 더 많은 일을 하려는 것이 더 많은 은혜를 얻고자 종들이 취하는 방식이다. 친구에겐 전혀 다른 주안점이 있다. 자신들이 이미 입은 은혜를 즐기며, 그것을 사용하여 친구와 시간을 보낸다.

우리에게 마리아와 마르다 모두 필요하다고 말한다면, 논점을 아예 놓치는 것이다. 사실은 전혀 그렇지가 않다. 마르다와 같은 이들이 없었다면 아무 일도 되지 않았으리라고 말하는 사람들을 많이 보았다. 그것 또한 거짓말이다. 그러한 가르침은 친구로서의 생활 방식에 위협을 느낀 종들이 전하는 것이리라.

마리아는 일하지 않는 사람이 아니었다. 단지 주님의 임재로부터 시작하여 섬기는 법을 배워, 예수께서 명하실 때만 샌드위치를 만들었던 것이다. 주님의 임재로부터 일하는 것은 주님의 임재를 위해 일하는 것보다 낫다. 마이크 비클 목사는 이것을 이렇게 멋지게 표현했다.

"사랑하는 사람들이 있고 일하는 사람들이 있습니다. 그런데 사랑하는 사람들이 일하는 사람들보다 더 많은 일을 해냅니다!"

열정적으로 사랑하는 사람은 항상 열심 있는 종들보다 주님을 기쁘시게 하는 데에 더 성공적이다.

하나님의 뜻

우리는 보통 하나님의 뜻이 고정적인 것이라 생각한다. 이미 결정되어 불변할 것이라고 말이다. 주로 우리는 하나님의 뜻을 특정한 때에 일어나는 구체적인 사건들과 연관시킨다. 우리가 이 주제를 이해하는 데에 있어 놓치기 쉬운 요소는, 주님의 뜻이 펼쳐지는 데에 있어 우리의 역할이 무엇인가다.

이스라엘을 멸하고자 하셨을 때, 하나님께서는 모세에게 비키라고 말씀하셨다. 왜냐하면 모세가 이집트에서 데리고 광야로 이끌고 온 백성들을 죽이려 하셨기 때문이다. 그러자 모세는 하나님께 상기시켜 드렸다. 그들이 모세 자신의 백성이 아닌, 하나님의 백성이라고. 그뿐만 아니라 자신이 이집트에서 데리고 나온 것이 아니라 하나님께서 친히 하신 것이라고! 하나님께서는 모세의 말이 옳다고 인정하시고는, 그들을 죽이지 않겠노라 약속하셨다.

여기서 충격적인 것은, 하나님께서 마음을 바꾸사 이스라엘을 살리셨다는 내용이 아니다. 오히려 하나님께서 그분의 뜻을 결정하시는 가운데 모세가 함께 논의하기를 기대하셨고, 모세도 그것을 알았다는 면이 중요하다. 아브라함도 이것을 이해한 사람이었다.

이처럼 역사를 통틀어 언약 관계의 친구들은 하나님께서

그분의 뜻을 표현하시고 또 그 결과 영향력을 끼치는 데에 자신들이 관여하기를 기대하신다는 인식이 공통적으로 있었다. 이들은 자신들의 어깨에 책임이 주어졌음을 이해했기 때문에, 사람들이 필요로 하는 것을 얻기 위해 하나님 앞에서 행했다. 중보자의 제사장적 역할이 이보다 명료하게 설명된 예는 없다.

주님의 뜻의 가장 주된 초점은 이스라엘을 멸할 것이냐 살릴 것이냐에 있지 않았다. 모세를 그 과정에 참여하게 하시는 것이었다. 주님의 뜻은 항상 사건 중심적이지 않다. 주님의 친구들이 그분의 임재 안으로 들어가는 것에 그 뜻이 있다. 위임 받은 자들로서 각자의 역할을 해내는 것 말이다. 하나님의 뜻은 결과만큼이나 과정이 중요하다. 결코 고정적인 것이 아니라 유동적이라는 말이다.

백지수표

어렸을 때 우리는 흔히 소원을 이룰 수 있다면 어떨까 하고 꿈을 꾼다. 솔로몬은 '한 가지 소원'을 이뤘다. 하나님께서 솔로몬에게 나타나 그와 같은 기회를 주신 것을 본 후, 기도에 대한 우리의 기대는 돌이킬 수 없이 높아졌다. 제자들도 동일한 '소원'을 이뤘는데, 차이점은 더 위대한 것이었다는 사실이다. 제자들은 한 장의 백지수표가 아닌,

무제한의 백지수표를 공급 받을 수 있게 됐다. 그리고 이 선물은 하나님과 친구 관계라는 구체적인 정황 가운데 주어졌다.

친구로의 승진을 두고 예수께서는 제자들에게 이처럼 놀라운 약속의 목록을 주셨다. 각각의 약속은 그들이 살아가며 평생 하나님 왕국의 확장을 위해 사용할 백지수표였다. 바로 이런 것들이다.

> 너희가 내 안에 거하고 내 말이 너희 안에 거하면 **무엇이든지 원하는 대로 구하라.** 그리하면 이루리라. 요 15:7
> 너희가 나를 택한 것이 아니요 내가 너희를 택하여 세웠나니, 이는 너희로 가서 열매를 맺게 하고 또 너희 열매가 항상 있게 하여 내 이름으로 아버지께 무엇을 구하든지 다 받게 하려 함이라. 요 15:16
> 내 이름으로 **무엇이든지** 내게 구하면 내가 행하리라.
>
> 요 14:14
> 그 날에는 너희가 아무 것도 내게 묻지 아니하리라. 내가 진실로 진실로 너희에게 이르노니, 너희가 **무엇이든지 아버지께 구하는 것**을 내 이름으로 주시리라. 지금까지는 너희가 내 이름으로 아무 것도 구하지 아니하였으나 **구하라. 그리하면 받으리니** 너희 기쁨이 충만하리라. 요 16:23-24

이 구절들 가운데 예수께서 허락하신 것들을 제대로 받으려면, 하나님을 좇는다는 말에 대한 기계적인 이해는 모두 바뀌어야 한다. 하나님께서는 그분을 믿는 자를 꼭두각시로 만들려는 계획이 전혀 없다. 실상 하나님께서는 친히 그분의 백성의 갈망을 위해 스스로를 연약하게 하셨다. 요컨대 "우리에게 중요한 것이라면, 주님께도 중요하다"고 말할 수 있다.

대부분의 교회가 하나님께서 다음 말씀을 주시기를 기다리고 있는 한편, 주님께서는 그분의 백성들의 꿈을 듣고자 기다리고 계신다. 우리가 우리의 역할을 하기를 고대하시는 것은, 주님께서 우리를 필요로 하시기 때문이 아니라 우리를 사랑하시기 때문이다.

가족 상봉

우리 외가는 1990년대 초반에 가족 상봉을 했다. 전 세계에서 온 약 160명이 캘리포니아 북부에 우리가 임대한 야영장에서 만났다. 놀랍게도 그 가운데에는 48명의 목회자와 선교사들이 있었다.

이처럼 두드러지게 사역자가 많은 가족 상봉은 가히 기록적이라 할 수 있을 것이다. 하지만 더 독특했던 것은, 모임이 마치 공식 컨퍼런스처럼 느껴졌기 때문이다. 회의가 있었고 패널 토의 등도 있었다. 심지어 나는 행사를 위해 곡을 써 달라는 부탁을 받았는데, 구약의 스바냐 서를 주제로 해 달라고 했다. 우리 가족들 가운데 허락하신 하나님의 은혜를 기념하는 대단한 시간이었다.

야영을 하던 기간 중 어느 날 저녁에는, 레크리에이션 활동으로 누군가 스퀘어 댄스를 기획했다. 나는 사실 예배 때가 아니면 춤을 추는 사람이 아니다. 스퀘어 댄스든, 나이트클럽에서 최신 유행하는 댄스든 전혀 추지 않는다. 왜냐하면 나는 춤 추기를 부끄러워하기 때문이다. 중학교 때 나는 선생님께 "우리 교회에선 그런 걸 하면 안 된다고 가르친다"는 말(부분적으로는 사실)을 하고 스퀘어 댄스 시간에 빠져 나왔다. 그런데 이 모임에서 그 부끄러운 활동이 온 가족을 위해 계획되어 있었던 것이다. 놀랍다!

아내가 어쩔 거냐고 묻자, 나는 힘을 주어 말했다. "나는 춤 안 춰!" 아내는 이미 내 생각을 알고 있었기 때문에, 지혜롭게도 불가능한 일―나를 설득하여 가족 간의 흥겨운 시간에 참여하도록 하는―을 시도하고자 하지 않았다.(내 성격의 강점 중 하나는 마음을 쉽게 바꾸지 않는다는 것이다. 누가 내 입장을 바꾸려 하는가는 크게 문제가 되지 않는다. 결코 쉽게 변하지 않는다. 내 성격의 약점 중 하나는 마음을 쉽게 바꾸지 않는다는 것이다.)

우리는 파티가 한창 흥겨운 홀로 향했는데, 온 친척들이 서로 춤을 추려 하고 있었다. 보는 건 재미있었다. 누가 춤을 출 줄 아는지, 누가 춤에 소질이 없는지도 확연히 드러났다. 우리는 웃는 가운데 서로 발을 밟고, 어색하지만 순식간에 그 어려운 동작을 배우려 하는 모습을 지켜 보았다. 그런데 예기치 못한 일이 벌어졌다. 딸 레아-당시 약 10세-가 나에게 함께 춤을 추자고 한 것이다.

나는 요지부동한 사람으로 알려져 있다. 어떤 친척들은 내가 완고하다고 말하지만 나 자신은 헌신된 사람이라고 생각한다. 그러나 그 순간에는 매복 공격을 당한 것 같았다. 발은 땅에 붙은 듯했고, 내 결심은 굳었으며 내 입장은 확고부동했다. 하지만 딸들, 특히 열 살 무렵의 아이들은 레이더 망을 피해 가는 법을 안다. 끔찍하게도, 나는 내 의지와 상관 없이 "그래"라고 말해 버렸다. 내 불굴의 의지는 어디로 갔을까? 내 결의 말이다. 완고함이라는 내 은사는, 내가 가장 필요로 할 때에 어디 갔던 것일까? 오늘까지도 그걸 모르겠다. 나는 딸 아이에게 무릎을 꿇고 말았다.

잠시 후 나는 댄스 플로어에 서게 됐고, 내 생각과 별도로 움직이고 있는 내 자신을 발견했다. 하지만 딸 아이의 눈은 모든 게 좋다고 말하고 있었다. 딸의 기뻐하는 모습은 내 부끄러움을 채우는 데에 그치지 않았다. 그리고 다시금 나는 아버지가 스스로 자녀들의 갈망을 위해 얼마나 의지적으로 연약해지는지 이해할 수 있었다. 그리고 하나님께서 그분의 백성의 갈망을 위해 친히 연약해지기를 기뻐하신다는 것도 말이다.

하나님의 주권

하나님과 시간을 보내면 우리의 갈망하는 바가 바뀐다는 데에는 의심의 여지가 없다. 우리는 항상 우리가 예배하는 대상을 닮는다. 하지만 그것은 하나님께서 우리가 소망하기를 원하시는 바를 소망하도록 프로그램되어 있기 때문이 아니다. 우정의 관계에서 그분을 기쁘시게 할 수 있는 것들을 발견하게 되기 때문이다. 그분의 마음속에 있는 비밀들을 말이다. 참된 신자라면 아버지께 기쁨을 드리는 무언가를 구하고 찾는 것이 본능이다. 실상 우리의 본성은 회심 때에 바뀐다. 하나님을 더 알고자 하고 우리의 생각, 야망, 갈망들로 그분을 기쁘시게 해드리려는 것이 우리의 새로운 본성이다.

이런 식으로 생각하기를 가장 어려워하는 사람들은 이것을 하나님의 주권에 대한 공격이라고 여기는 이들이다. 거기엔 의문의 여지가 없다. 하나님께서는 최고 주권을 갖고 계신다. 하지만 우리가 그리스도와 동역하는 임무를 맡는다고 해서 주님의 통치 주권이 부인되지는 않는다. 사랑하는 친구 잭 테일러가 이 부분에 대해 탁월한 말을 했다.

"하나님께서는 그분의 주권에 대해 너무나도 안정감을 느끼고 계시기 때문에, 주권이 없는 것처럼 보이기를 두려워하지 않으신다."

아버지의 모든 갈망

'갈망'을 뜻하는 영단어 'desire'의 의미를 기억할 수 있는 좋은 방법은 음절 단위로 쪼개는 것이다. 'de'는 '―의'라는 뜻이다. 그리고 'sire'는 '아버지'라는 뜻이다. 모든 갈망은 '아버지의' 것이다. 우리가 질문해야 할 것은, "나의 갈망이 하나님께로 말미암은 것인가?"가 아니라 "무엇과 혹은 누구와 내가 교제해 왔는가?"[1]이다. 나는 하나님과 교제할 수도 있고 대적과 교제할 수도 있다. 몇 년 전 기분 나빴던 일을 골똘히 생각하는 데에 시간을 들인다면, 하나님께서 그 사람을 심판하신 적이 있는지 궁금해하기 시작할 것이고, 해명과 보복에 대한 욕망이 마음 가운데 솟아날 것이다. 왜 그런가? 왜냐하면 쓴 뿌리의 아비와 친교를 나눴기 때문에, 그 아비의 자식 되는 갈망이 내 마음 가운데 생겨난 것이다.

악과의 교제가 우리 가운데 악한 욕망을 낳는다면, 하나님과 함께 보내는 시간이 영원의 가치를 가진, 그리고 궁극적으로 그분께 영광이 되는 갈망을 형성하리라는 것은 당연하지 않겠는가? 주목해야 할 점은 이것이다. 이 갈망들은 명령으로 생기는 것이 아니다. 하나님과의 교제로 말미암아 우리 마음에 생겨나는 것이다. 이것들은 주님과의 관계로 잉태된 자손들이다.

이 책의 주요 목적은 성도들이 주님과의 친밀한 교제를 통해 그 내면에 탄생된 갈망들을 가지고 살아가도록 가르치고 격려하는 것이다. 많은 신자들이 자신들의 갈망을 얕잡아보고, 하나님께 대한 복종을 증명하기 위해 자동적으로 그 모든 갈망들을 없애려 한다. 이들의 이기심 없는 접근 방식은 하나님의 뜻에서 빗나가, 하나님께서 그들 내면의 모든 꿈과 능력의 아버지이심을 사실상 거부하게 된다.

이것이 겉으로 좋게 들리는 것은 이기심 없는 종교적 호소력 때문이다. 하지만 내적으로는 하나님의 목적에 거스르는 것이다. 대부분의 사람들은 아직까지 하나님의 왕국으로 들어가는 것과 왕국 안에서 살아가는 것의 차이를 깨닫지 못한다. 우리는 "제 뜻이 아닌 주님의 뜻이 이뤄지게 하옵소서"라고 고백하며 곧고 좁은 길로 들어간다. 그리스도 예수님만이 유일한 문이시다. 그리스도 안에서 생명을 찾는 유일한 방법은 그분께 완전히 모든 것을 내어드리는 것이다.

하지만 하나님의 왕국 안에서 살아가는 것은, 구원의 좁은 문을 이미 지난 상태로서, 전혀 다른 차원의 이야기다. 외면보다 내면이 더 크다. 그 안에서 우리는 더 이상 종이 아니라 우리를 부르시는 주님을 발견하게 된다. 그러한 정황 가운데서 우리가 원하는 무엇이든 주시리라고 아버지께서 말씀하시는 것이다. 중요한 점은 "너희가 원하는 것"이다. 물론 기억해야 할 것은 이 말씀이 주어진 배경이다. 그렇지 않고서는, 그리스도를 고백하는 이기적인 사람들을 더 많이 양산해 낼 뿐일 것이다. 십자가가 부활을 앞섰듯, 주님의 뜻 앞에 우리를 내어놓는 일이 하나님께서 우리의 뜻을 돌아보시는 것보다 앞서야 한다. 하지만 그 반대를 강조해도 위험할 수 있다. 우리가 갈망하는 사람이 되지 못한다면, 이 땅 가운데 그리스도를 정확하고 효과적으로 증거하는 일도 결코 불가능할 것이다.

생명 나무

"소원이 이루어지는 것은 곧 생명 나무니라." 잠 13:12

솔로몬은 우리에게 이렇게 놀라운 선언을 한다. 개인적 소원과 갈망들을 성취하는 것에 대해 논할 자격이 있는 사람을 따지자면 솔로몬이 단연 으뜸일 것이다. 역대하 7장 11절을 보면 이렇게 말씀한다.

"솔로몬이 그가 이루고자 한 것을 다 형통하게 이루니라."

그가 인생 후반에 불순종했다는 이유로 젊었을 때에 순종을 통해 배운 심오한 교훈들을 무시할 수 없다. 그는 진심어린 갈망들이 성취되는 능력을 체험했다.

솔로몬의 말은 창세기에 등장한 '생명 나무'라는 주제를 다시 다루고 있다. 그 생명 나무는 아담과 하와를 영원과 연결시켜 주었다.(금단의 열매를 먹고 난 뒤, 여호와의 천사는 생명 나무로 향하는 길을 막아 아담과 하와가 그 열매를 먹지 못하게 했다. 그 나무는 닿는 무엇이든 영원하게 했기 때문이다. 아담과 하와의 타락한 상태를 영원한 것으로 만들 수도 있었던 것이다. 영원히 구속 받지 못할 상태로 말이다) 곧 신자들이 소원이 만족케 되는 경험을 할 때 생명 나무를 체험하리라는 뜻이다. 여기에 암시된 바는, 그리스도 안에서 갈망이 성취되는 이적을 맛본 이들은 그 성취를 통해 영원한 관점과 정체성을 얻게 된다는 것이다. 복종과 개인적 변화, 소원 성취의 과정은 그리스도와 더불어 영원히 다스릴 수 있도록 훈련 받는 장이다.

요한복음 16장 24절을 보면, 하나님께서 우리의 갈망(기도)에 응답해 주길 원하신다고 말씀한다.

"너희 기쁨이 충만하리라."

그러니 왜 교회에 그처럼 기쁨이 없었는지 자명하다. 기쁨은 하나님께서 이 땅을 향한 계획을 기도를 통해 펼쳐나가실 때 함께하며 잔치를 벌이는 구속된 심령의 결과물이다. 더 구체적으로 말하자면, 기쁨은 우리의 기도가 응답될 때 임한다.

응답된 기도, 특별히 초자연적 간섭이 필요한 기도들에 대한 응답은 우리에게 기쁨이 된다! 그리고 행복한 사람들과 함께 있으면 재미있다. 어쩌면 이 때문에 예수께서 죄인들의 친구라 불리셨는지 모른다. 눅 7:34 참조 주님의 기쁨은 주변의 모든 이들을 뛰어넘었다. 매 순간, 날마다 주님께서는 그분의 기도가 하늘 아버지께 응답되는 것을 보셨다. 많은 사람들은 주님의 기쁨을 극단적인 것이라 여겼을 것이다. 누가복음 10장 21절을 보면 이렇게 말씀한다.

"예수께서 성령으로 기뻐하시며", "기뻐하다"라는 단어는 문맥상 "소리치며 기뻐 날뛰었다"[2]라는 의미를 갖는다.

예수께 가까이 가기만 해도 기쁨을 느꼈다. 세례 요한은 예수를 잉태한 마리아가 방에 들어오자 모친의 자궁 속에서 기쁨으로 뛰었다. 예수의 기쁨은 전염성을 가지고 있으며, 다시금 이것이 모든 참된 성도들의 표가 되어야 한다.

새롭게 '높은 수위선'을 정한 다윗

아버지 다윗이 계획한 성전을 건축한 솔로몬에게서 꿈을 이룬 남다른 예를 찾아볼 수 있다. 솔로몬 성전의 건축과 봉헌은 성경에서 가장 의미심장한 사건들 중 하나다. 하지만 성전 봉헌식에서 솔로몬은 이런 말을 한다.

"이스라엘의 하나님 여호와를 송축할지로다. 여호와께서 그의 입으로 내 아버지 다윗에게 말씀하신 것을 이제 그의 손으로 이루셨도다. 이르시기를 '내가 내 백성 이스라엘을 애굽에서 인도하여 낸 날부터 내 이름을 둘 만한 집을 건축하기 위하여, 이스라엘 모든 지파 가운데에서 아무 성읍도 택하지 아니하고 다만 다윗을 택하여 내 백성 이스라엘을 다스리게 하였노라' 하신지라. 내 아버지 다윗이 이스라엘의 하나님 여호와의 이름을 위하여 성전을 건축할 마음이 있었더니." 왕상 8:15-17

하나님께서는 도시를 고르신 것이 아니라 사람을 선택하셨고, 성전에 대한 생각이 그 사람 마음에 있었다고 말씀하신다. 하나님의 말씀은 이런 것이다. '성전이 내 생각이 아니라, 다윗이 내 생각이었다.' 놀랍지 않은가! 다윗의 창조성과 갈망 덕분에 역사가 쓰였다. 왜냐하면 하나님께서 그것들을 수용하셨기 때문이다. 다윗은 하나님의 왕국의 여러 원칙들을 가르쳐 주는데, 우리가 어느 방향을 따라 살아가야 할지를 알려 준다. 그는 마치 이렇게 말하는 듯하다.

"꿈꾸는 자들이여! 이리 오라! 함께 꿈꾸며 인류 역사의 이야기를 함께 쓰자!"

여러분이 하나님의 생각이다. 주님께서는 여러분의 마음에 있는 보물 보기를 갈망하신다. 하나님과 더불어 꿈꾸는 법을 배워 나갈 때, 우리는 주님의 동역자가 된다.

아담—첫 번째 동역자

하나님께서는 아담에게 모든 동물들의 이름 짓는 책무를 맡기셨다.창 2:19 참조 당시 이름은 지금보다 훨씬 풍부한 의미를 가졌는데, 그것이 무언가의 본성을 상징하는 것이었기 때문이다. 나는 아담이 각 동물들에게 그 본성과 권한의 영역, 그리고 허락된 영광의 용적을 지정하고 있었다고 믿는다. 실상 아담에게 주어진 일은, 자신이 살아가는 세계의 성질을 정의하는 것이었다.

이와 같은 동역적 역할은 창조적인 의미를 가지며, 창조주 하나님을 보완하는 것이었다. 하나님께서 우리를 이와 같은 상황으로 인도하시는데, 그분께서 홀로 하실 수 없어서가 아니다. 주님께서는 만드신 모든 것이 거룩한 목적을 포용함으로써 그분 안의 정체성 가운데로 들어가는 것을 보고 기뻐하신다. 창조적 표현이라는 특권을 포용하는 것은 우리가 우리 창조주의 형상을 따라 지어졌다는 사실과 일관된 것이다.

역사를 이루는 도구

마가복음 11장 24절의 흠정역에는 우리의 갈망의 역할이 어떤 것인지 강조되어 있다.

"그러므로 내가 너희에게 이르노니, 너희가 기도할 때에 무엇을 원하든지 너희가 그것들을 받는 줄로 믿으라. 그리하면 너희가 그것들을 받으리라."

우리는 기도 가운데 하나님의 임재를 기뻐하며 우리의 갈망들에 주의를 기울여야 한다. 우리가 주님과 보내는 시간 중에는, 꿈을 꾸고 갈망할 수 있는 능력에 생명을 불어넣어 주시는 역사가 일어난다. 주님과의 만남을 통해 우리의 마음은 새로워지고, 그분께서 그림을 그리시기에 완벽한 캔버스가 된다. 이 지구를 향한 주님의 종합 계획 가운데 동역자가 되는 것이다.

우리의 꿈은 하나님께로부터 독립적인 것이 아니며, 그 존재 자체가 하나님으로 인한 것이다. 주님께서 사안—땅에서도 하늘에서처럼—을 내놓으시고, 우리로 하여금 함께 일해 그것을 실현할 수 있게 해주신다! 우리가 주님과 친밀함 가운데 성장해 갈 때, 인생에 일어나는 일들 중에 우리가 갈망한 것들의 결과물이 더 많을 것이다. 단순히 하늘에서 주어지는 구체적 명령들을 받아 순종하는 것이 아니고 말이다. 다윗의 성전에 대한 갈망을 포용하셨듯, 하나님께서는 우리의 소원과 갈망을 발판 삼기를 즐거워하신다.

이 진리는 우리의 시각에서 보기엔 위험 부담이 크다. 왜냐하면 우리는 하나님과 독립적으로 살아가면서 자신의 꿈을 이뤄 주시기만 바라는 사람들을 보기 때문이다. 참된 은혜는 항상 마음 가운데 악을 품은 사람들이 더 많은 기회를 통해 수면 위로 나아올 수 있는 여지를 둔다. 하지만 이 진리는 너무도 풍성하여 그와 같은 위험을 알고서도 추구할 가치가 있다. 왜냐하면 이 진리만이 교회로 하여금 주님과의 동역을 통한 충만한 소명 가운데로 향할 수 있게 해주기 때문이다.

예수께서 그분의 피로 이러한 삶의 방식이 가능해지도록 해주시기도 훨씬 전에 시편 기자에 의해 이 거룩한 운명이 선포되었다.

"또 여호와를 기뻐하라. 그가 네 마음의 소원을 네게 이루어 주시리로다." 시 37:4

꿈꾸는 자를 환영합니다

우리는 창조하고 건설하고 진보하기 위해 태어났다. 그 일에 성공하기 위해선 초자연적인 지혜를 지속적으로 받아야만 한다. 지혜와 그것이 나타나는 독특한 방식에 대해 다음 장에서 알아보자.

✳ ✳ ✳

1. 랜스 월나우를 인용
2. "spinit-filled Life Bible"에 각주가 되어 있음.

PART 2

창조적 경계

하나님의 형상대로 지어졌다는 개념에서 가장 자연스러운 부분 중 하나가 꿈을 꿀 수 있는 능력이다. 하나님께서 주신 선물인 것이다. 하지만 많은 성도들이 하나님을 기쁘시게 해드리려는 시도 가운데, 그분께서 주신 바로 그 능력을 죽여 가고 있다.

바다의 한계를 정하여 물이 명령을 거스르지 못하게 하시며 또 땅의 기초를
정하실 때에 내가 그 곁에 있어서 창조자가 되어 날마다 그의 기뻐하신 바가
되었으며 항상 그 앞에서 즐거워하였으며 사람이 거처할 땅에서 즐거워하며
인자들을 기뻐하였느니라. **잠 8:29-31**

CHAPTER 02

믿지 않는 사람들이 발명과 예술 표현에 있어서 주도적인 것은,
교회가 잘못된 영성을 붙들었기 때문이다

하나님의 형상대로 지어졌다는 개념에서 가장 자연스러운 부분 중 하나가 꿈을 꿀 수 있는 능력이다. 하나님께서 주신 선물인 것이다. 하지만 많은 성도들이 하나님을 기쁘시게 해드리려는 시도 가운데, 그분께서 주신 바로 그 능력을 죽여 가고 있다. 그들은 이렇게 항변한다.

"하나님을 정말 기쁘시게 해드리려면 내 자아와 관련된 모든 것을 제거해야만 해요!"

많은 사람들이 이 말을 영적인 것으로 받아들이지만, 사실 기독교보다는 불교의 영성에 가깝다. 우리가 오랫동안 이런 식의 사고를 하다 보면, 결국 중성적인 신자가 되어 버린다. 자기 절단은 육체적인 것이 아니라 해도 변태적이다. 하나님께서 우리 안에 허락하신 것들을 잘라내려고 할 때마다 우리는 성경과 무관한 영성의 형태 속으로 들어가

제2장 창조적 경계 55

게 되며, 우리가 참으로 효과적인 증거를 하지 못하도록 하는 영을 돕는 것이다. 부활한 사람을 십자가에 못박고는 그것을 제자 훈련이라 부르는 것은 지혜롭지 못하다. 십자가는 새 사람을 위한 것이 아니다. 옛 사람을 위한 것일 뿐이다. 롬 6:5-9

많은 사람들이 이렇게 기도하기도 한다. "제 것은 하나도 없이 모두 주님의 것으로 만들어 주십시오." 우리가 태어나기 전 하나님께서는 아무도 존재하지 않았고, 그것을 좋아하시지 않았다. 주님께서 우리를 지으신 것은 그분의 기쁨을 위함이었다. 더 나은 기도는 이러한 것이다. "제 모든 것을 주님의 모든 것으로 덮어 주십시오!"

세례 요한의 말을 살펴보라. "그는 흥하여야 하겠고 나는 쇠하여야 하리라." 이 구절도 자기비하형 기독교를 뒷받침하기 위한 것으로 오용되는 경우가 흔하다. 문맥을 살펴보면, 요한이 예수께 바톤을 넘겨드리는 상황이다. 요한이 할 일은 메시아의 길을 예비하는 것이었다. 그는 이제 구약적 예언 사역을 마감하고 그 길에서 나와야 했다. 예수께서는 모든 선지자들이 공표한 것들을 성취하시고 지구에 대한 하나님의 현저한 통치권을 일으키셔야 했다. 세례 요한이 예수께 바톤을 넘겼고, 예수께서는 그 바톤을 우리에게 넘겨주사 우리가 흥할 수 있게 하셨다.

우리의 가치와 정체성에 대한 이러한 혼선은 부흥 중에 심각하게 많이 나타나는데, 성령이 부어지면 항상 우리의 죄성에 대한 자각이 커지기 때문이다. 고백과 회개를 담은 아주 위대한 찬송들이 그러한 시기에 쓰였다. 하지만 우리의 죄악과 무가치함에 대한 계시는 등식의 절반에 불과하다. 대부분의 부흥은 이 지점을 지나가지 못하고, 그렇기 때문에 하나님의 역사가 삶의 형태가 되기까지 지탱하지를 못한다. 부정적인 것에 튼튼한 것을 건설하기는 어렵다.

등식의 나머지 절반은 우리를 위하시는 주님께서 얼마나 거룩하신가, 그리고 그분 덕분에 우리가 어떤 존재가 되었는가다. 이것을 깨달으면, 우리는 믿음을 통한 구원의 목적을 받아들이며 우리의 정체성도 변하게 된다. 어느 지점에 이르러 우리는 단순히 '은혜로 구원 받은 죄인들'의 상태를 뛰어넘게 된다. 그리스도 안에서의 신분을 깨닫고 살아가는 법을 배울 때, 우리는 역사상 가장 위대한 행적을 이룰 수 있을 것이다.

교회사 대부분 가운데 사람들은 그리스도에 대한 헌신이라는 미명 아래 하나님께서 주신 선물들, 은사들, 갈망들을 빼앗겼다. 이처럼 박탈 당한 형태의 기독교는 성도들로부터 사역을 없애 버리고, '사역자들'이라 불리는 일부 특권 계층의 그리스도인들만 감당할 수 있도록 사역을 강등시킨다. 일반 신자들의 역할은 대중 사역을 하는 이들을 재정과 감정으로 후원하는 것으로 축소된다. 꿈과 갈망을 성취하지 못한 채 일하는 것은 목적 없이 타성적 일상을 높이며 그것을 고통이라 부르는 종교의 영과 손잡는 일이다. 사역을 진척시키기 위해 시간과 물질을 드리는 영예를 평가 절하해선 안 되지만, 그것에 대한 강조가 결코 각 사람이 하나님께 받은 꿈과 갈망을 실현함으로써 복음을 창조적으로 표현하는 일을 막아선 안 된다.

부전자전

아버지 하나님께서는 만물의 창조주이시며 모든 좋은 은사들을 주시는 분이시다. 주님의 자녀들은 그분을 닮아야 하는데, 그것은 곧 창조적이어야 한다는 의미다. 믿지 않는 사람들이 발명과 예술 표현에 있어서 주도적인 것은, 교회가 잘못된 영성을 받아들였기 때문이다. 그것은 왕국을 살아가는 사람의 참된 세계관, 즉 거듭난 생각이 아니다.[1] 거듭난 생각을 가진 우리는 효과적인 증거를 위해 왕의 통치권이 사회 전반에 실현되어야 함을 이해한다.

왕국적인 사고 방식을 가진 사람은 세상의 압도적인 필요를 보고 이렇게 말한다. "이 문제에 대한 해법이 하나님께 있습니다. 그리고 저는 주님의 신비의 영역에 대해 합법적으로 접근할 수 있습니다. 그러니 제가 그 해답을 주님께 구하겠습니다!" 왕국적 관점으로 우리는 요셉과 다니엘이 그랬던 것처럼 왕들에게 해답이 될 수 있다.

하나님과 더불어 꿈꾸는 자유를 얻기 위해 우리는 동역하는 법을 배워야 한다. 참된 신자의 갈망은 결코 하나님과 동떨어질 수 없다. 우리의 목표는 하나님의 생각을 결정하는 방법을 찾는 것이 아니다. 우리가 무엇을 넣어드려야 하는 필요가 그분께는 없기 때문이다. 오히려 우리는 주님을 올바로 증거하려 해야 한다. 직관적이고 정확하게 주님의 마음을 드러내고자 하는 것이 하나님을 진실로 사랑하는 사람들의 열정이다. 주님의 마음은 모든 사람을 구속하고자 하는 것이며, 주님께서 선하심을 펼쳐 보이시기 위해 사용하시는 도구는 영광스럽도록 광대하여, 모든 사람들의 마음 깊은 필요에까지 향한다. 오직 주님의 거룩한 지혜만이 그 도전에 맞설 수 있게 한다.

이 세상을 향한 하나님의 꿈에 대해 배우는 것이 우리의 시작점이다. 꿈을 꾼다는 것은 값비싼 행위일 수 있다. 인류를 구속할 아버지의 꿈에 그분의 아들의 생명이라는 값이 요구되었음을 안다. 그러나 주님의 꿈 안에서 그분과 동역하면 우리에겐 그분처럼 꿈꿀 수 있는 새로운 능력이 주어질 것이다.

창조하는 지혜

지혜와 창조성은 성경에서 서로 연관된 주제들이다. 사실 창조성은 탁월과 청렴을 배경으로 드러나는 지혜다. 지혜는 잠언 8장에 의인화되어 나타나는데, 만물의 창조 시에 하나님의 동반자였다고 한다.

그러므로 지혜와 창조성이 성도의 머릿속에서 분리되어선 안 된다. 우리가 잃어버린 영혼들에게 효과적인 증인이 되는 임무를 완수하는 데에 이 둘은 절대적으로 필요한 도구다. 지혜가 있어야 이 세상에서 우리의 역할이 바람직한 것으로 보인다.

대부분의 그리스도인들이 지혜에 가치를 두긴 하지만, 하나님께서 주신 책임들 가운데 창조성의 역할이 얼마나 값진 것인지에 대해서는 그만큼 이해하지 못하고 있다. 하지만 지혜의 영향을 묘사하는 것이 창조성이다. "지혜는 자기의 모든 자녀로 인하여 옳다 함을 얻느니라." 눅 7:35

6일간의 창조 가운데 상상할 수 있는 모든 경이의 지혜와 예술이 발현되었다. 하나님께서 말씀하시니 세상이 탄생되었다. 빛과 아름다움, 소리와 색채, 이 모든 것들이 매끄럽게 흘렀다. 지혜가 창조 자체의 경계를 정했기 때문이다. 초자연적 지혜로 유명한 솔로몬은 당시 지혜가 가졌던 협력적 효과에 대해 논하고 있다.

바다의 한계를 정하여 물이 명령을 거스르지 못하게 하시며 또 땅의 기초를 정하실 때에 내가 그 곁에 있어 창조자가 되어 날마다 그의 기뻐하신 바가 되었으며 항상 그 앞에서 즐거워하였으며 사람이 거처할 땅에서 즐거워하며 인자들을 기뻐하였느니라. 잠 8:29-31

지혜는 '창조자'라는 장인의 칭호를 받았다. 그보다 더 강력한 표현에 주목해 보자. "항상 그 앞에서 즐거워하였으며," "땅에서 즐거워하며," "인자들을 기뻐하였느니라." 지혜는 우리가 흔히 묘사하듯 금욕적인 것이 아니다. 또 행복한 것 이상이다. 지혜는 본질상 축전의 것이며, 창조 행위 가운데 기뻐한다. 하지만 가장 큰 기쁨은 우리 안에 있다! 지혜는 인류와 완벽한 동반 관계를 이루게 됐다. 우리는 지혜와 협력하기 위해 태어났다. 그 안에 거하고, 창조적 표현을 통해 그것을 표출하도록 말이다.

창조자 지혜

성령으로 충만한 사람으로 성경에 처음 언급되는 인물이 브살렐이다. 그는 모세를 위한 건축 프로젝트를 지휘하도록 명 받았다. 그가 맡은 일은 집을 지어드려, 하나님께서 그분의 백성 가운데 거하시도록 하는 것이었다. 하나님께서는 그 집이 어떤 모양이기를 원하시는지 계시해 주셨지만, '어떻게' 그렇게 만들 것인지에 대해서는 특별한 지혜의 은사가 필요했다.

그 때 브살렐이 등장하게 된 것이다. 그는 예술적 탁월함으로 그 책무를 완수할 수 있는 초자연적 지혜를 받았다. 지혜가 있었기에 그는 이 임무를 맡을 수 있는 자격을 얻었고, 지혜가 있었기 때문에 장인 혹은 창조자로서 하나님의 마음속에 있는 것을 구상하고 건축할 수 있었다.

아래 구절들 가운데 굵은 글씨로 강조된 부분에 주목하라. 그것이 주님의 성령으로 충만하게 된 원인과 결과다.

> 하나님의 영을 그에게 충만하게 하여 **지혜**와 총명과 지식과 여러 가지 재주로 정교한 일을 연구하여 금과 은과 놋으로 만들게 하며 보석을 깎아 물리며 여러 가지 **기술**로 나무를 새겨 만들게 하리라. 출 31:3-5

> 모세가 이스라엘 자손에게 이르되 '볼지어다. 여호와께서 유다 지파 훌의 손자요 우리의 아들인 브살렐을 지명하여 부르시고 하나님의 영을 그에게 충만하게 하여 **지혜**와 총명과 지식으로 여러 가지 일을 하게 하시되 금과 은과 놋으로 제작하는 기술을 **고안하게 하시며** 보석을 깎아 물리며 나무를

새기는 여러 가지 정교한 일을 하게 하셨고 또 그와 단 지파 아히사막의 아들 오홀리압을 감동시키사 가르치게 하시며 지혜로운 마음을 그들에게 충만하게 하사 **여러 가지 일을 하게 하시되** 조각하는 일과 세공하는 일과 청색 자색 홍색 실과 가는 베 실로 수 놓는 일과 짜는 일과 **그 외에 여러 가지 일을 하게 하시고 정교한 일을 고안하게 하셨느니라.**' 출 35:30-35

정교한 일을 고안하고 탁월함으로 발명하는 일은 이 구절 중에 지혜가 보여 주는 몇 가지 특징들이다. 모세의 시대에는 성령 충만한 모습 가운데 한 부분이 그런 것이었다. 신약은 권능이라는 요소를 추가하고 있는데, 이것은 모든 신자가 성령의 부으심을 통해 기적의 영역에 접근할 수 있게 되었기 때문이다.

이 새로운 강조점은 이 주제에 대한 애초의 계시를 철폐하는 것이 아니라, 오히려 그것을 기초로 쌓아 올리는 것이다. 우리가 둘을 결합시킨다면, 지혜 가운데 행하며 사회의 필요에 실질적으로 기여하는 신자들이 될 것이다. 십자가에서 베풀어지는 은혜를 통해 인생의 불가능에 맞서고, 기적과 표적, 이사를 초자연적으로 보임으로써 해법을 제시하면서 말이다. 어쩌면 이 두 가지가 합력하여 작용해야 그리스도인의 균형 잡힌 삶이 될 수 있는지 모르겠다.

예술의 전쟁

이에 내게 말하는 천사에게 묻되 이들이 무엇이니이까? 하니 내게 대답하되 이들은 유다와 이스라엘과 예루살렘을 흩뜨린 뿔이니라. 그 때에 여호와께서 대장장이 네 명을 내게 보이시기로 내가 말하되 그들이 무엇하러 왔나이까? 하니 대답하여 이르시되 그 뿔들이 유다를 흩뜨려서 사람들이 능히 머리를 들지 못하게 하니 이 대장장이들이 와서 그것들을 두렵게 하고 이전의 뿔들을 들어 유다 땅을 흩뜨린 여러 나라의 뿔들을 떨어뜨리려 하느니라. 하시더라. 슥 1:18-21

이는 성경에서 가장 경각심을 불러일으키는 구절들 중 하나다. 그것은 영적 전쟁을 다루고 있어서가 아니라 승리를 위해 하나님께서 사용하시는 도구가 오늘날 우리가 상식적으로 생각하는 것이 아니기 때문이다.

이 구절들 가운데 하나님의 백성은 남용된 권세와 능력(뿔들)에 의해 위협을 받아 흩어지고 있다. 절망감이 시대의 화두였으며, 하나님께서 자신들과 함께 하신다는 확신이 사상 최저치를 기록하고 있었다. 모든 지혜의 하나님께서는 하나님의 백성들에게 진리를 밝히사, 그분의 마지막 때 계획을 바라보게 하신다. 주님께서는 군사적 요새들을 무너뜨리기 위해 그분의 군대를 보내신다. 주님의 군사들은 누구인가? 대장장이들이다! 하나님께서 전장²에 성가대를 출전시키신 이래로 이처럼 기이한 전략은 또 처음이다. 이는 오직 지혜만 고안해 낼 수 있는 계획이다.

창조성이 하나님의 백성들의 정상적인 표현이 될 때, 주님을 대적하는 모든 이들에게 나타나는 무언가가 있다. 낙심하는 것이다. 마귀는 스스로 창조할 능력이 전혀 없다. 그가 할 수 있는 일은 그저 하나님께서 만드신 것을 왜곡시키고 망쳐놓는 것이다. 하나님께서는 그분의 작품들을 통해 알려지신다. 주님의 작품들이 그분의 자녀들을 통해 흘러내려갈 때, 그들의 정체성이 계시되며 그 계시 가운데에는 이 땅에서의 하나님의 성품이라는 피하지 못할 내용이 있다. 보는 눈이 있는 자들이라면 주님께서는 보이실 수밖에 없다.

네 명의 대장장이들은 주님의 백성을 흩으려 시도했던 네 뿔들에 대한 하나님의 응답이었다. 숙련된 지혜(예술적 표현)에 헌신된 이들은 악용된 권세의 요새들을 해체시킬 것이다. 이들은 대적을 군사적으로만 압도할 것이 아니라, 초자연적인 가짜 능력을 철저하게 위협할 것이다. 이것은 마지막 때 하나님의 전략으로 들어감에 대한 임무요 결과다. 그것은 능숙한 지혜, 곧 위로부터의 지혜로 세상의 체제에 침투하는 것이다.

여기서 말하는 '장인'이라는 것은 단지 목공이나 화가들을 가리키는 것이 아니다. 그런 직함이 배우나 음악가들에게만 국한되는 것도 아니다. 하나님께서 주신 책무를 탁월과 창조성, 청렴으로 감당하는 모든 사람은, 성경적으로 볼 때 장인이다.

학교 교사, 사업가, 의사, 변호사 및 하나님의 목적을 위해 자신들의 은사를 내어 드린 모든 이들은 거룩한 지혜를 드러내야 한다. 우리를 둘러싼 저항은 커 보이지만, 하나님의 백성이 이 위대한 전쟁 무기를 휘두를 때 누구도 막아 설 순 없다.

주부로부터 뇌외과 전문의, 설교가, 교수에 이르기까지, 모든 사람들이 하나님의 영으로 충만하여 지혜로 알려져야 한다. 다시금 스바의 여왕이 혀를 내두르게 해야 한다. 왕상 10:1-10 참조 스바의 여왕은 그 진귀한 지혜를 듣고자 그렇게 먼 거리를 왔다.

성경은 마지막 때에 열국이 주님의 거룩한 민족 앞에 나아올 것이라고 말씀한다. 우리에게 여호와의 말씀을 가르쳐 달라고 요청하리라는 것이다. 미 4:1-2 우리가 성령으로 충만하여 주님의 지혜가 나타날 정도가 되었을 때 사람들이 그렇게 반응하는 것은 아닐까? 나는 그렇게 생각한다.

지혜의 성질

지혜에 대한 세상적 정의는 지식의 축적과 활용에 초점이 맞춰져 있다. 그른 것은 아니다. 단지 잘못된 인도일 뿐이다. 교회는 이 불완전한 정의를 포용하여, 영혼 없는 지혜를 추구하고 있다. 성경적 정의는 천상의 시각으로 지혜를 바라본다. 그것은 하나님의 창조적 표현으로, 일상의 문제들 가운데 실질적인 해법을 가져온다.

예수 다음으로는 솔로몬이 역사상 가장 지혜로운 사람이었다. 그는 당대의 이목을 사로잡았다. 모든 이들이 그의 은사에 입을 다물지 못했다. 다른 나라의 왕들은 매일 솔로몬의 은사에 노출되어 있다는 특권으로 인해 솔로몬의 종들을 질투했다. 지혜가 있는 곳의 종이 지혜 없는 왕이 되는 것보다 낫다. 스바 여왕은 의복이나 건물 등 간단한 것들에 얼마나 지혜가 큰 영향을 미쳤는지에 매우 놀라워했다. 그녀의 관점을 살펴보자.

> 스바 여왕이 솔로몬의 지혜와 그가 건축한 궁과 그의 상의 음식물과 그의 신하들의 좌석과 그의 신하들이 도열한 것과 그들의 공복과 술 관원들과 그들의 공복과 여호와의 전에 올라가는 층계를 보고 정신이 황홀하여 왕께 말하되 '내가 내 나라에서 당신의 행위와 당신의 지혜에 대하여 들은 소문이

진실하도다.' 대하 9:3-4

솔로몬이 받은 은사의 여파는 이스라엘이 전례 없는 평화와 번영의 때를 맞게 했다. 한 사람을 통한 지혜가 민족 전체를 변화시켰다. 하나님께서 주신 이 기회를 수백만이 받아들이면 어떤 일이 벌어질까?

하나님의 지혜는 다시 한번 그분의 백성들 가운데 투영될 것이다. 지금은 멸시 받는 교회가 다시 숭상 받고 칭찬 받을 것이다. 교회는 다시금 이 땅의 찬송이 될 것이다. 렘 33:9

지혜가 나타나는 방식은 다양하다. 하지만 위에 언급했듯, 그 성질은 세 가지로 볼 수 있다. 청렴, 창조성, 그리고 탁월. 하늘의 지혜는 청렴으로 솟아나며, 창조적 표현을 통해 드러나되 탁월함을 그 표준으로 한다. 이 세 가지 표시 가운데 우리 스스로 활동하고 있는 부분이 있다면, 그것은 천상의 지혜로 터치를 받은 것이라 하겠다.

신성한 지혜의 세 가지 특징들을 검토해 보자[3].

청렴 a) 도덕적·윤리적 원칙에 충실; 도덕적 성품의 건전함; 정직. b) 온전하고 흠 없으며 축소되지 않은 상태. c) 건전하고 약화되지 않았으며 완벽한 상태. 동의어-정직, 진실, 신실, 명예, 정확성, 신뢰성, 고결.

청렴은 하나님의 성품이 우리 안에 계시되어 표현되는 것이다. 그리고 그 성품은 하나님의 완벽하심, 거룩하심의 아름다움이다. 거룩하시다는 것은 주님의 본성 중 정수다. 주님께서 뭔가를 하시고 안 하시고는 상관 없다. 주님의 존재가 관건인 것이다. 우리에게도 마찬가지다. 우리가 거룩한 것은 주님의 본성이 우리 안에 있기 때문이다. 그것은 하나님께 대해 구별된 마음으로 시작하며, 그리스도의 본성이 우리를 통해 표출될 때 명백해진다.

창조성 a) 창조적인 상태 혹은 성질. b) 전통적 생각, 규칙, 양상, 관계 등을 초월할 수 있는 능력; 그리고 의미 있는 새로운 아이디어, 형태, 방법, 해석 등을 지어낼 수 있는 능력; 독창성, 진취성 혹은 상상력. c) 창조적 능력을 활용하는 과정. 동의어 – 독창성, 상상력, 영감, 창의력, 창작력, 비상, 독창력, 비전.

창조성은 예술의 충만한 회복으로만 볼 것이 아니다. 이것은 주님의 백성의 본성으로, 어떤 영역에서든 일을 새롭고 더 나은 방식으로 하려 할 때 표출된다. 교회가 예측 가능한 상습에 갇혀 그것을 '전통'이라 부르게 된 것은 부끄러운 일이다. 우리는 창조적 표현을 통해 하나님 아버지께서 누구신지를 드러내야 한다. 그 문화를 닮는다고 해서 문화적 관련성을 갖게 되는 것이 아니라, 오히려 그 문화가 어떻게 되기를 갈망하는지를 모범으로 보일 때 그리 된다.

교회는 종종 창조성을 피하려는 죄를 짓는데, 그것은 창조성에 변화가 요구되기 때문이다. 현실 가운데 변화에 대한 저항은 하나님의 본성에 대한 저항에 다름 아니다. "나 여호와는 변하지 않는다"말 3:6고 하신 말씀은 완벽하고 불변하는 하나님의 본성을 가리키는 것이다. 그러나 주님께서는 늘 새 일을 행하신다. 변화의 바람이 불 때, 만족한 사람과 배고파 하는 사람을 분별하기란 쉬운 일이다. 변화는 마음의 비밀한 것들을 드러내 준다.

탁월 a) 뛰어난 사실 혹은 상태; 우월; 고귀; b) 탁월한 자질 혹은 특징. 동의어—섬세, 걸출, 우세, 구별, 특질, 우수.

탁월하다는 것은 우리가 하나님 안에서 누구이며 우리 안의 하나님께서 누구신지로 인해 개인이 성취하는 바에 대한 높은 기준이다. 이것은 완벽주의와 같지 않다. 완벽주의는 탁월성의 잔인한 위조품으로, 종교의 영을 따른 것이다.

열정이 없이는 탁월할 수 없다. 하나님께 탁월한 마음은 외부인들이 보기에 낭비적으로 보인다. 마태복음 26장 8절에서 우리는 마리아가 예수께 1년치 급여에 해당하는 비싼 향유를 붓는 모습을 볼 수 있다. 제자들은 그것을 팔아 돈을 가난한 자들에게 주었으면 더 좋았을 뻔했다고 생각했다. 하지만 그 행위는 하나님께 너무나 귀중한 것이라, 복음이 전파되는 곳마다 마리아의 이야기도 전해질 것이라고 예수께서 말씀하셨다. 마 26:13 참조

이와 마찬가지로 옷을 벗어 던진 채 하나님 앞에 격정적인 춤을 추며, 사람들 앞에 자신을 낮추었을 때의 다윗 왕도 굉장히 사치스러웠다. 삼하 6:14-23 아내 미갈은 그를 경멸했다. 그 결과 미갈은 죽기까지 아이를 낳지 못했는데, 그것이 불임 때문인지 다윗과 부부로서의 친밀함을 갖지 못했던 탓인지는 알 수 없다. 어찌 됐든 대단히 비극적인 상실감이다. 교만은 결실을 파멸시키고 참된 탁월의 마음을 공격하기 때문이다.

성경에 따르면 미갈의 비문은 다윗의 아내가 아닌, 사울의 딸이라 기록하고 있다. 하나님을 향한 다윗의 아낌 없는 마음을 거부한 미갈은 하나님을 거부한 사람들과 함께 이름을 올리게 되었다.

반면 다윗은 손을 대는 것마다 열매가 넘쳤다.

그는 하나님께 대해 아낌이 없었다. 이 가치를 추구하는 가운데, 우리는 모든 것을 하나님의 영광을 위하여, 온 힘을 다하여 아낌 없이 살아야 할 것이다. 그런 것이 바로 탁월의 마음이다.

무자격을 탈락시키라

많은 이들이 창조성이라는 측면에서 자격 미달이라고 느끼는데, 창조성의 영역을 미술과 음악에 편협하게 가둬 두었기 때문이다. 사람들은 모두에게 어느 정도의 창조성이 있으며, 평생을 살면서 그것을 꾸준히 표현해야 함을 깨닫지 못한다.

다섯 살 된 아이들은 모두 예술가다. 창조하고 싶은 성향을 표현하는 것이다. 하지만 초등학교에 들어가는 순간 일이 벌어진다. 많은 교육제도가 창조성의 정의를 한정시켜, 그림을 그리는 사람들만 생각하게 한다. 그러한 편협한 정의 때문에, 아이들이 10세에 이르렀을 때는 예술가 대접을 받는 경우가 거의 없다.

오늘날의 왕국 지향적인 교사들은 참된 지혜의 가치를 받아들여, 아이들이 '예술'이라고 하는 전통적인 틀에서 벗어나 창조적 기술을 계발시키도록 해야 한다. 영향력을 발휘할 수 있는 영역의 최전선으로 각 사람을 이끄는 것은 창조성의 형태로 나타나는 신성한 지혜다.

어떤 이들은 항상 우리가 새로운 무언가를 하거나 기발한 행동을 해야 한다는 창조성을 받아들여, 스스로 무자격하다고 생각한다. 현실적으로, 대부분의 뛰어난 아이디어들은 다른 개념의 산물이다. 몇 년 전, 나는 그냥 기분에 이끌려 재즈

앨범 하나를 샀다. 그 음반을 오디오에 올려 놓으면서 나는 뭔가 신선하고 새로운 것을 잔뜩 기대하고 있었다. 하지만 철저히 실망했다. 그 음악은 마치 어린 아이가 마구잡이로 피아노를 두들기는 것처럼 어떤 멜로디나 화음, 일관된 리듬이 없었다. 어떤 목적이나 방향도 찾을 수 없었다.

그런데 우연히 1년 정도 지난 후에 그 음악인에 대한 기사가 실린 잡지를 발견했다. 그 기사에서 그 사람은 다른 어떤 음악가에게도 영향을 받지 않고, 철저히 독창적이려 애를 썼던 인생의 한때에 대해 이야기하고 있었다. 그는 그때를 인생의 암흑기라 일컫고 있었다. 분명 그 사람의 나쁜 시절의 나쁜 열매를 내가 산 것이었다. 이어서 그가 한 이야기는 내게 창조성에 대해 심오한 교훈을 주었다. 그는 진정으로 창조적이 되기 위해선, 다른 이들에게 배워온 것들로 돌아가 그것을 창조의 발판으로 삼아야 한다고 했다.

일상적인 이야기나 개념 등을 가지고 그 위에 더 새롭고 나은 것을 건설할 수 있는 것이 지혜다. 솔로몬이 바로 그렇게 행했다. 당시 모든 왕들이 술 따르는 자들과 종들, 잔칫상, 종들을 위한 좋은 옷들을 갖고 있었다. 그러나 솔로몬이 매일의 삶 가운데 지혜를 사용해 다른 모든 이들과 달리 돋보이게 된 데에는 무언가가 있었다. 스바 여왕은 솔로몬의 지혜에 할 말을 잃었다. 교회도 다시 세상을 침묵시킬 수 있는 지혜를 발휘

해야 할 때다.

예술계에 흔히 존재하는 오해가 있다. 창조성이 고통으로부터 온다는 생각이다. 인류의 가장 위대한 예술 작품들 중 인생에서 곤란을 겪고 최악의 비극을 경험한 이들에게서 탄생한 것이 있음은 사실이지만, 실제는 이렇다. 인생에서 진정 우선 순위가 어떤 것인지를 보려면 트라우마가 필요한 경우가 많다. 옛 본성을 그리스도와 함께 십자가에 못 박은 것이 창조적 영향력을 발휘하는, 우리의 마땅한 역할로 나아가기에 충분한 비극이다.

증거하는 교회

이는 이제 교회로 말미암아 하늘에 있는 통치자들과 권세들에게 하나님의 각종 지혜를 알게 하려 하심이니 곧 영원부터 우리 주 그리스도 예수 안에서 예정하신 뜻대로 하신 것이라. 엡 3:10-11

교회에 주어진 분명한 임무가 있다. 우리는 다양한 측면을 가진 하나님의 지혜를 나타내야 한다. 지금! 그 지혜는 우리의 모든 존재와 모든 행위 가운데 침투해야 한다. 우리가 등한시해온 이 요소가 모든 민족을 제자 삼아야 하는 우리의 소명의 핵심에 있다. 솔로몬의 지혜로 열국이 충격을 받았던 것처럼, 사람들이 혀를 내두르게 하는 것이 '증거'의 한 부분이다. 이를 영적 세계에서 주목하고 있으며, 특별히 그런 지혜의 증거에 영향을 받는다. 그들에게 스스로의 패배, 우리의 승리, 그리고 구속된 이들을 향한 영원한 아버지의 계획에 대해 떠올리게 해야 한다.

지혜와 연결될 때에 예수와 더불어 통치하는 우리의 영원한 목적을 분명히 드러낼 수 있다. 지혜 가운데 행할 때, 우리는 천상의 실재를 지상에 투영할 수 있으며 실제로 하늘이 땅으로 침투할 수 있는 표적을 제공하게 된다. 마귀와 합의하게 되면, 마귀가 죽이고, 훔치고, 멸할 능력을 얻게 되는 것과 똑같이 하나님과 같은 마음을 품으면 하나님께서 우리 안에서, 우리를 통해 우리를 둘러싼 세상으로 그분의 목적을 성취할 수 있도록 해주신다[4]. 그래서 이 지구 상에 인류가 그분의 권세를 위임 받게 하신 것이다[5].

개혁은 시작되었다. 성령의 이 위대한 운동의 한가운데에 하나님의 백성의 전적인 변혁이 있다. 그들이 참된 정체성과 목적을 발견하고 있는 것이다. 위대한 목적은 위대한 희생을 수반한다. 지금 이 순간까지, 우리의 수많은 계획들이 실패했다. 복음을 입에 맞게 만들려는 시도들은 우리 주변 세상에 심각한 영향을 끼쳤다. 세상은 스스로 체험할 수 있는 메시지를 갈구해 왔다. 그러나 많은 신자들은 그저 복음을 지적으로 호소력 있는 것으로 만들고자 애써 왔다. 이런 일은 중단되어야 한다! 자연적인 생각은 하나님의 영으로 말미암는 것들을 받을 수 없다. 고전 2:14 참조

하나님의 지혜는 사람에게 어리석은 것이다. 이제 다시는 어리석게 보이기를 망설이지 않아야 한다. 그래야 해방시키고 변화시키고 치유하는 능력의 메시지를 세상에 전달할 수 있게 된다. 이것이 진짜 지혜다. 그리고 이러한 참 지혜만이 인간 심령의 부르짖음을 만족시킬 수 있다.

사람들이 무릎 꿇고 예수께 굴복하게 할, 인류가 아직 들어본 적 없는 멜로디가 있다. 음악인들은 천상의 음악 소리를 듣고 이 땅에서 재현해 내야 한다. 내 친구 하나는 놀라운 예배 인도자다. 친구가 한 번은 천상으로 들려 올라가서, 자신이 쓴 노래를 부르는 것을 듣게 되었다고 한다. 그는 기쁨에 차서 말했다. "와, 제가 쓴 노래를 부르고 계시네요." 그러자 천사는 대답했다. "아니오. 우리가 우리 노래를 형제에게 들려준 거죠."

기도 한 번이면 얻을 수 있는, 인간 생활에 대변혁을 일으킬 수 있는 의학적 비밀들도 있다. 성공을 향해 기업가들은 매일 분투하는데, 지혜의 은사가 그들로 하여금 사회에 심오한 영향력을 끼칠 수 있게 할 것이다. 정치가들은 선거 운동

을 어떻게 잘할 수 있을지를 두고 자문가들을 찾는다. 하지만 너무나 신선하고 새로운 지혜가 하나님께 있다. 그것을 통해 유권자들에게 엄청난 호의를 얻을 수 있을 것이다. 하나님의 신비의 영역에 감춰진 교육의 방법들도 있다. 주님께서는 그분의 백성 중 한 사람이 그 계시를 구하기를 기다리고 계신 것이다. 천상의 해답들은 끝이 없다. 주님께서는 구할 사람을 찾고 계신다.

믿음에는 실패가 없다

많은 이들이 꿈을 이루지 못했을 때 낙심한다. 고통과 좌절 속에 있는 그들은 믿는 자들에게 꿈꿀 권리가 있다는 메시지를 반대한다.

"소망이 더디 이루어지면 그것이 마음을 상하게 하거니와…"

그러나 이 구절은 거기서 끝나지 않기 때문에, 우리도 거기서 그쳐선 안 된다.

"…소원이 이루어지는 것은 곧 생명 나무니라." 잠 13:12

더 높은 실재는 이것이다. 꿈을 추구하다가 그것을 이루지 못하면, 결국 같은 꿈을 가진 다른 사람들이 자신들이 좇던 돌파에 이를 수 있도록 길을 마련하는 것이다. 많은 이들이 이러한 생각을 하면서 편안해하지 못한다. 그러나 그것은 보통 우리만 생각하기 때문이다. 믿음에는 실패가 없다.

우리가 이 땅에서 종종 겪는 비극적 실패는 하늘에서는 다르게 인식된다. 하늘에서 영예롭게 여겨지는 것이 이 땅에서는 동정 혹은 조롱의 대상으로 여겨진다. 믿음의 표현으로 살려다가 죽을 경우, 사람들은 그 사람의 어리석은 결정을 비난하는 경우가 많다. 자신의 실패가 다른 사람이 궁극적으로 그 꿈을 이루는 토양이 될 수 있음을 깨닫는 사람은 많지 않다. 그 패배가 실상 돌파를 위한 길을 내어 주기 때문이다.

꿈을 이루는 데에 실패한 사람들은 사실 다른 이들을 위한 길을 닦았다는 면에서 위안을 찾을 수 있다. 마치 세례 요한의 역할 같은 것이다. 그는 다가오실 분을 위한 길을 예비했다. 역사를 통틀어 끝까지 자신의 꿈을 이루지 못한 사람들은 수없이 많다. 많은 이들은 스스로 실패했다는, 견디기 어려운 결론을 가지고 생을 마감한다.

우리가 실패한 부분은, 꿈을 이루는 데에 실패한 시도가 다른 사람의 성공을 위한 기초가 되었다는 인식이 없이 산 것이다. 어떤 이들은 물 주고 다른 이들은 심지만, 거두는 이들도 있는 것이다. 만왕의 왕께서 더 많은 영광을 받으시도록 무대를 꾸미는 중요한 역할이 우리 모두에게 있는 것이다. 모든 것은 주님께 대한 것이지 우리의 것이 아니다.

영계를 풀어 주는 자연계

1920년대, 조지 말로리(Mallory)라는 남자가 에베레스트 산에 처음으로 등반하는 원정대를 이끌게 됐다. 그는 두 번에 걸쳐 이 위업을 이루려 시도했지만 실패했다. 그는 당대 최고의 등반가들을 모으는 작업으로 다시 돌아갔고, 현존하는 최고의 장비들도 구했다. 이들은 자신들이 맡은 임무의 세세한 부분까지 특별한 주의를 기울였고, 특별히 안전 문제에 집중했다. 이러한 노력에도 불구하고 참사가 닥쳤다. 눈사태로 원정대의 많은 이들이 죽어 갔고, 말로리도 그중에 있었다. 살아남은 사람은 많지 않았다.

그 원정대가 영국으로 돌아갔을 때, 그들에게 경의를 표하는 연회가 마련되었다. 생존자들 중 리더가 일어나 참석자들의 박수에 감사를 표했다. 그는 방 전체에 게시된 동료들의 사진들을 바라봤다. 눈물이 흐르고 목이 잠긴 그는 말로리와 친구들을 대신하여 말했다.

"에베레스트 산아, 내가 여기 살아 있는 용감한 이들, 그리고 아직 태어나지 않은 이들의 이름으로 네게 말한다. 에베레스트 산아, 너는 우리를 한 번 패배시켰고 또 두 번째 패배시켰으며, 세 번째도 패배시켰다. 하지만 에베레스트 산아, 언젠가는 우리가 너를 무릎 꿇릴 것이다. 왜냐하면 너는 더 이상 커질 수 없으나 우리는 그럴 수 있기 때문이다!"

죽음과 낙심이 그 원정의 마지막이 될 수도 있었다. 하지만 반대로 장래의 성공을 위한 기초가 되었던 것이다.

작은 마귀

이 세상을 향한 하나님의 목적에 대항하는 '반대'의 산이 있다. 그것은 통치자들과 권세들, 이 어둠의 세상 주관자들과 하늘에 있는 악의 영들이다. 엡 6:12 참조 하지만 마귀의 어둠의 영역은 더 이상 커지지 못한다. 마귀는 하나님께 반역했을 때, 자신의 생명의 근원으로부터 끊겼다. 그는 우는 사자처럼 돌아다니며, 그 소리로 위협하고자 한다. 그의 시끄러운 소리, 즉 이어지는 나쁜 소식들은 그가 위대하다고 착각을 하게 만들려는 것이다. 하지만 마귀는 위대하지 않다.

지옥은 사탄이 다스리는 영역이 아니다. 지옥은 사탄이 사람들을 데려가 영원토록 고문할 수 있는 장소가 아니다. 그 자신과 그를 따르는 귀신들을 위해 만들어진 영원한 고통의 장소다. 마귀의 종된 이들은 똑 같은 종말을 맞을 것이다.

여담이지만 귀신들은 더 이상 탄생되고 있지 않다. 오늘날 지구 상을 떠돌고 있는 귀신의 수는 예수 당시에 떠돌던 이들의 수와 같지만, 사람들의 수는 수십 억 명으로 늘어났다. 한편 신자들의 수는 수십 억 명에 이르는 상황이다. 그에 더해, 우리는 성경을 통해 귀신 한 명당 천사가 두 명씩 있음을 안다.

예수께서 소유하신 '만물'은 우리에게 양도되었다. 주님의 위대한 계획은 오셔서 우리를 마귀로부터 구원해 주시기 위한 것이 아니다. 음부의 권세는 전진하는 교회에 대해 승리할 수 없다. 마 16:18 참조 예수께서는 우리가 엄청난 위업을 이뤄낼 수 있도록 그분의 권세를 주셨다. 모라비아 교도들과 같이 이렇게 외치자.

"어린 양을 위해 그분께서 당하신 고통의 상급을 따내자!"

신성한 지혜를 추구하는 우리의 위임에는 신비가 따라온다. 다음 장에서는 그 주제를 다뤄 보자.

* * *

1. 이 주제에 대해 더 알고 싶다면, 나의 책 〈변화된 마음의 초자연적 능력〉을 보라.
2. 성가대도 예술적 표현이다! 역대상 20장 21절을 보라.
3. 창조성, 청렴, 탁월에 대한 정의는 Random House 사전에서 가져왔다. 동의어는 Microsoft Word Encarta World 사전에서 가져왔다.
4. 하나님께서 어떤 식으로든 제한을 받으신다면 그것은 스스로 제한하시는 것이다.
5. 이 주제에 대해 더 알고 싶다면, 나의 책 〈하늘이 땅을 침노할 때〉의 2장을 보라.

PART 3

신비의 가치

신비를 가지고 살아가는 것은 그리스도와 동행하는 우리의 특권이다. 신비의 중요성은 결코 과대평가될 수 없다. 그리스도인으로 살면서 겪는 모든 일을 이해할 수 있다면, 나는 그리스도인의 삶에 뒤떨어지게 살고 있는 것이다.

일을 숨기는 것은 하나님의 영화요 일을 살피는 것은 왕의 영화니라. **잠 25:2**

CHAPTER 03

하나님께서는 우리로부터가 아니라
우리를 위해 감추신다

지성적 복음은 하나님을 우리와 너무나 닮은 분으로 만들어버릴 위험이 항상 있다. 우리 만한 분으로 말이다. 해답을 향한 여정이 때로는 신비에 대한 거절로 향한다. 그 결과, 신비를 진정한 보물이 아닌 뭔가 견딜 수 없는 것으로 치부하는 경우가 많다. 신비를 가지고 살아가는 것은 그리스도와 동행하는 우리의 특권이다. 신비의 중요성은 결코 과대평가될 수 없다. 그리스도인으로 살면서 겪는 모든 일을 이해할 수 있다면, 나는 그리스도인의 삶에 뒤떨어지게 살고 있는 것이다. 믿음의 행보는 우리가 받는 계시에 따라 사는 것이다. 설명할 수 없는 신비의 한가운데 말이다. 그래서 기독교를 유일 신앙이라 하는 것이다.

우리는 스스로 설명할 수 없는 것들에 대해 기분 좋게 하기 위해 너무도 자주 부르심을 버리거나 희석시킨다. 우리가 대답할 수 없는 부분이 주님께서 보여 주신 바를 격하시키게 하는 것은 대단히 세속적인 생각이다. 너무나 많은 이들이 스스로 이해할 수 있는 부분만 순종함으로써, 하나님을 자신들의 판단 하에 둔다. 하나님께서는 심판대에 서시지 않는다. 우리가 서는 것이다.

참된 십자가의 삶은 우리가 설명할 수 없는 명백한 모순 가운데서도 계시에 순종하는 것이다. 보기에 유리한 결과가 있을 것 같을 때만 순종하는 것은 순종이 아니다. 순종은 마땅히 값비싼 것이어야 한다. 주님께서 우리에게 보이신 것을 포용하고 우리에게 명하신 바에 순종하는 것-많은 경우 답이 없는 문제 가운데-이 측량할 수 없는 영광이다.

불신의 문화 가운데 믿음 있는 성도가 된다는 것은 굉장한 특권이다. 우리는 이 특권을 수용해야 한다. 어떤 그리스도인도 주님의 질문에 대해 냉정할 수는 없다. "내가 돌아올 때에 이 땅에서 믿음을 보겠느냐?" 나는 믿음으로 살아가 주님의 기쁨이 되기로 마음 가운데 결정했다.

상처 받은 마음의 능력

자기가 살던 동네 나사렛에서 사역을 해야겠다고 처음 느끼셨을 때, 예수께서는 회당으로 향하셨다. 예수께서 사람들을 가르치기 시작하시자 모두가 그분의 지혜에 크게 놀랐다.

또한 그들은 눈에 보이는 치유의 기적에 감동을 받았다. 하지만 예수의 성장 과정을 본 사람들로서 아는 사람이라는 것을 인식하자, 그들은 '이성적'으로 상처를 받았다.

"예수잖아. 우리가 저 친구의 형제자매를 알잖아. 여기서 자란 친구야! 어떻게 저 사람이 이런 일을 할 수 있지? 그리고 어디서 이런 지혜를 얻은 거지?"

그들은 전형적인 상처를 받은 것이 아니었다. 그들은 감정적으로 다친 것도 아니었으며, 쓴뿌리에 붙들린 것도 아니었다. 그들은 올바른 추론을 할 수 없었던 것뿐이다. 자신들이 아는 예수께서 기적을 행하시는 분이시며 엄청난 지혜를 가지신 분이라는 결론에 이르지 못했다는 말이다. 그들은 경이와 경외심을 느낀 것이 아니다. 오히려 마음이 굳어져서 주님을 거절해 버렸다. 이 풀리지 않은 문제가 정신적으로 거치는 돌이 되어, 기적을 행하고 권세로 가르치시는 예수의 기름 부으심을 억압할 정도의 힘이 생겼다.

의문을 품는 것은 건강한 것이다. 그러나 그 의문에 대해 하나님을 볼모로 잡는 것은 건강하지 않다. 때로는 이것이 '하나님의 능력은 오늘날과 무관하다'는 자체적 예언을 성취하는 분위기를 만든다. 자신들에게 다른 것을 가르쳐줄 수 있는 바로 그 기름 부으심에 대해 차단하게 된다.

이해하지 못하는 것은 괜찮다. 그러나 이해하지 못하는 바에 대해 우리의 영적 생활을 제한하는 것은 괜찮지 않다. 그것은 미성숙 이상을 의미한다. 그처럼 통제적인 영은 그리스도를 닮은 성품을 계발하는 데에 파멸적이다. 하나님께서는 믿음에 응답하시지만, 통제권에 대한 우리의 주장에 굴복하시진 않는다. 성숙에는 우리가 이해하지 못하는 바를 진심으로 포용하는 신앙의 본질적 표현이 요구된다.

자신이 이미 이해하는 것들 속에서 신앙의 표현을 어떻게 하는가보다 새로운 것을 얼마나 상처 받지 않고 받아들이려 하는가에서 사람의 마음은 훨씬 또렷이 드러난다.

귀머거리를 위해 기도하는 귀머거리

내 첫째 아들 에릭은 양쪽 귀가 모두 85~90% 들리지 않는다. 에릭은 인생에 놀라운 선물을 받았다. '들리는 세계'에서 훌륭하게 역할을 감당하고 있으며, 한 번도 수화를 배울 필요가 없었다. 삶에 대한 에릭의 적응력은 기적적인 것이다. 동시에 이러한 장애로 인해 자존감에 영향을 받지도 않았다. 강하고 그리스도 중심적인 아이다. 현재 에릭은 선교 목회를 하고 있다.

몇 년 전, 나는 에릭의 치유를 위해 금식하며 기도하고 있었는데, 하나님께서 분명히 치유해 주시겠다고 말씀하시는 것을 들었다. 예수의 대속으로 이미 일어난 일이며, 내가 살아 있는 동안 눈앞에 나타날 것이라고 하셨다. 우리는 이것을 '미래에 언젠가 낫게 해주시겠지'라는 식으로 생각하지 않는다. '지금 당장' 허락해 주실 것으로 믿는다. 하지만 여전히 에릭은 보청기의 도움 없이는 듣지 못한다.

흥미로운 것은, 집회에서나 교회에서 내가 가장 많이 보게 되는 기적 중 하나가 청각 장애의 치유라는 점이다. 게다가 몇 달 전, 에릭이 청각 장애를 가진 두 사람에게 손을 얹었더니 그들의 귀가 들리게 되었다는 점은 더 재미있다. 어떻게 본인이 치유 받지 않고 그런 일을 할 수 있을까? 모르겠다. 하지만 내가 아는 것은, 우리 가운데 이와 같이 눈으로 보기에 모순되는 것들로 마음에 상처를 받으면 기름 부으심을 차단하게 된다는 사실이다. 우리는 그렇게 하길 원치 않는다.

에릭과 나는 계속해서 우리가 가진 이해 가운데 살 것이며, 살면서 요구되는 신비들을 포용할 것이다. 하나님께서는 항상 완벽히 신실하시고 측량할 수 없이 선하심을 알기 때문이다. 주님께서는 우리의 신뢰를 받아 마땅하시다.

우리가 배우는 방법

나는 하나님께서 처음 성경을 열어 주신 때를 잊을 수 없다. 내 마음은 그 읽히는 내용으로 인해 속에서부터 뛰었다. 하지만 인생을 두고 그 말씀에 의지했다면, 나는 그 본문을 가르칠 수 없었을 것이다. 영이 학습 과정에 있었기 때문에, 머리는 기다려야 했을 것이다. 머리는 성경으로부터의 계시를 통해 시발된 하나님과의 만남과 초자연적 체험들을 통해 훈련된다. 하나님과의 만남으로 이어지지 않는 계시는 우리를 더욱 종교적으로 만들 뿐이다. 내면의 실재가 없이 외적인 기준들만 받아들이도록 가르치기 때문이다.

하나님께서는 이성에 반대하지 않으신다. 하나님께서 만드신 모든 것에 대한 보완책으로 이성을 지으셨다. 그러나 새롭게 되지 않은 이성에 대해서는 반대하신다. 왜냐하면 하나님과 전쟁 상태에 있어, 그분을 순종하지 못하게 하기 때문이다. 롬 8:7 참조 이성을 통해 스스로의 신앙 생활을 통제하는 사람은 바울 사도가 경고했던 육적인 그리스도인이다. 고전 2-3장 참조 혼은 우리를 종교로 인도할 뿐이다[2]. 능력 없는 허울 말이다. 혼은 이삭이 아닌 이스마엘을 만들어내는 것이다[3].

학습 과정을 이해하는 것은 중요하다. 우리의 영은 성령께서 거하시는 곳이다. 우리의 영은 건강히 살아 있으며, 하나님께로부터 위대한 것들을 받을 준비가 되어 있다. 이성을 통해 모든 것을 여과하고 즉각적으로 보기에 논리적이지 않은 것을 제해 버린다면, 우리는 정말로 필요한 많은 것들을 축출하게 될 것이다. 이해를 초월하는 것만이 이성을 새롭게 할 수 있는 위치에 있다. 빌 4:7 참조 주님의 실제적 음성과 임재에 대해 더 배울 수 있다면, 설명하지 못하는 것들에 대해 기만 당할까 하여 과대 망상을 보이지는 않을 것이다. 보통 자연적 이성을 사용해 기만으로부터 스스로를 보호하고자 하는 이들이 가장 많이 속는다. 그들은 스스로의 유한한 논리와 이성에 의존하여 자아의 안전을 지키려 하는데, 그 자체가 이미 기만이다. 보통 이들은 주님과의 동행 가운데 벌어지는 모든 일들에 대한 해석을 갖고 있지만, 그 이상을 추구하는 이들에 대해서는 비난한다.

마음은 머리가 받아들이지 못하는 것을 받아들일 수 있다. 마음은 논리가 나설 용기가 없는 곳으로 우리를 이끌 것이다. 아무도 용기와 용맹이라는 특질을 이성 혹은 인간 추론의 능력 덕분이라고 생각하지 않는다. 용기는 내면으로부터 솟아오르는 것으로 이성에 영향을 끼친다. 마찬가지로 참된 믿음도 이성에 영향력을 행사한다. 믿음은 이해로 말미암지 않는다. 마음으로부터 오는 것이다. 우리는 이해하기 때문에 믿지 않는다. 오히려 믿기 때문에 이해하는 것이다. 히 11:6 참조 마음이 진정으로 새롭게 되면 잘 알게 될 것이다. 왜냐하면 그때는 불가능한 것들이 논리적으로 보일 것이기 때문이다.

신비―이성의 십자가

우리가 이해하지 못하는 것이 때로는 이해할 수 있는 것만큼이나 중요하다. 무언가에 대한 이해를 허락하셨을 때에 순종하는 것도 중요하지만, 의문이 있고 상황이 우리의 이해와 상충되는 듯할 때에 순종하는 것도 중요하다. 너무나 많은 이들이 여기서 실패한 뒤, 성경을 자신의 체험 수준으로 끌어내린다. 많은 이들이 이렇게 행하는 것은, 스스로 타협―성경으로부터 받은 계시와의 타협―가운데 살고 있다는 사실에 대해 위로를 느끼기 위해서다. 하지만 우리의 도전 과제는 우리의 생활 방식을 하나님의 말씀의 기준으로 높이는 것이다.

한 손으로는 계시를 받아들이며[4], 또 한 손으로는 신비를 받아들이면 완벽한 십자가가 된다. 예수의 일을 하기에 갈급한 모든 이들이 져야 할 십자가가 바로 이것이다. 스스로의 이성에만 의존하는 기만 밖으로 우리를 초대하기 위해서는 하나님께서 우리의 논리를 위반하셔야만 한다.

찾을 수 있도록 감추시는 하나님

아이들이 어렸을 때 우리 부부는 아이들을 위해 부활절 달걀을 숨겨 놓았다. 찾을 수 있는 난이도는 항상 아이들의 연령과 능력에 따랐다. 우리는 두 살짜리 아이가 밖에 나가서 1m 깊이로 땅을 파야 초콜릿 달걀이 나올 수 있게 하지 않았다. 아이들이 그렇게 어릴 때는, 달걀을 그냥 식탁이나 의자 위에 올려 두었다. 그리고 점점 자랄수록, 조금씩 더 어렵게는 했지만 결코 불가능하게 만들지는 않았다.

부모들은 아이들의 호기심을 보고 기뻐하며, 아이들이 '발견'의 과정을 즐기는 모습을 보고 싶어한다. 아이들은 탐색의 기쁨을 깨달으며, 자신들이 찾고 찾아내는 가운데 부모가 기뻐하는 모습을 확인하고는 즐거워한다. "…찾으라 그리하면 찾아낼 것이요…" 마 7:7 발견의 과정 가운데 있는 이러한 호기심과 기쁨이 "먼저 하나님의 왕국을 구하고" 마 6:33 "어린 아이처럼 하나님의 왕국을 받들라" 눅 18:17고 하신 말씀 가운데 의도하신 내용이다.

> 일을 숨기는 것은 하나님의 영화요 일을 살피는 것은 왕의 영화니라. 잠 25:2

사람들은 왜 하나님께서 항상 더 공개적인 표현으로―들릴 수 있게, 시각적인 표시들 등―말씀하시지 않는지 궁금해한다. 어떻게 혹은 왜 그렇게 하시는지 모르지만, 성경은 하나님께서 숨기심으로 더 큰 영광을 받으신다고 말씀한다. 뻔하게 드러내놓으시는 것보다 말이다. 하나님께서 숨기시고 우리가 찾도록 하시는 게 더 영광스럽다는 것이다.

씨 뿌리는 자의 비유에 대한 서론에서, 예수께서 단순히 예증의 목적으로 비유를 사용하시는 것이 아니라 때로는 주린 자들만 진리를 이해할 수 있도록 숨기신다는 것을 알 수 있다. 마 13:11, 18-23 참조 진리에 대한 갈망이 없는 이들에게서 계시를 거두시는 것이 하나님의 자비다. 왜냐하면 배고픔이 없다면 순종도 청종도 하지 않을 가능성이 높기 때문이다. 계시에는 항상 책임이 따르고, 굶주림이 마음 가운데 책임의 무게를 질 수 있도록 우리를 준비시켜 준다.

갈망이 없는 이들로부터 계시를 감추심으로써, 하나님께서는 실상 그들이 감당하지 못할 책임 때문에 실패하지 않도록 지켜 주시는 것이다. 이 때문에 주님께서 비밀로 하시는 것이다. 그러나 주님께서는 우리로부터 숨기시는 것이 아니라, 우리를 위하여 숨기시는 것이다!

그러나 이 등식에는 다른 이면이 있다!

"일을 살피는 것은 왕의 영화니라."

우리는 우리 하나님께 대해 왕이요 제사장이다. 계 1:6 참조 우리의 왕족으로서의 정체성은, 이러한 것들에 대한 적법한 권한이 있다는 확신으로 감춰진 것들을 찾아나갈 때에 최고로 빛을 발한다. 신비가 우리의 상속할 기업인 것이다. 우리가 왕이라는 사실, 즉 그리스도와 더불어 통치하고 다스리는 우리의 역할[5]은 우리를 둘러싼 세상의 딜레마들에 대한 해답을 주님께 구할 때 가장 뚜렷해진다.

예수께서는 그들에게 이렇게 대답하셨다.

"천국의 비밀을 아는 것이 너희에게는 허락되었으나 그들에게는 아니되었나니." 마 13:11

우리 신자들에게는 하나님의 신비의 영역에 대한 합법적 권한이 주어졌다. 그게 전부다. 우리 신자들이 발견할 수 있는 곳에 감춰진 것들이 기다리고 있다. 우리가 상속해야 할 것들이다.

긴장 속의 진리

우리의 종말 신앙이 대체로 세상의 환경이 점차 악화될 것이라고 기대하는 가운데, 교회가 삶의 해답을 제시할 것이라는 상상은 결코 쉽지 않다. 또한 세상의 정황 속에 어둠이 드리우는 것이 예수의 재림의 징조임을 믿을 때, 우리가 마주한 갈등 앞에 요구되는 것은 실질적 비전이다. 세상의 체계에 침투해 그것을 변혁시키는 일이다. 예수께서 그분의 교회를 위해 언제, 어떻게 돌아오실 것인지를 선포하고자 하는 것이 아니다.

내가 이야기하고자 하는 것은, 분명하지 않은 것들에 대한 잘못된 가정이 우리로 하여금 분명한 것들에 대해 무뎌지게 할 수 있다는 것이다[6]. 예언서들에 사용된 양식과 그림자들이 무슨 뜻인지 안다고 가정하면, 주님께서 분명하게 주신 계명들을 이해하는 데에 부정확한 영향을 줄 수 있다. 주님께서 언제, 어떻게 돌아오시는지에 대해 잘못 해석하면 지상 명령에 대한 접근을 해칠 수 있다.

예수께서는 흠 없는 신부를 위해 재림하신다. 신부의 몸은 정확히 그 머리에 비례한다. 아버지께서만 그 순간이 언제일지를 아신다. 우리는 모른다. 우리의 임무는 "하나님의 왕국이 임하게 하며, 하늘에서와 같이 땅에서도 그분의 뜻이 이루어지도록" 가능한 한 모든 일을 하는 것이다. 주님의 재림에 대한 내 믿음이 어두운 주변 세상에 대한 닻이 된다면, 세상을 바꾸기 위해 내가 할 일이 별로 없을 것이다. 물론 전도를 위해 엄청난 노력을 하겠지만, 이 지구가 겪는 문제들에 대한 해답을 제시하는 일은 우선 순위를 갖지 못할 것이다. 하지만 이것은 우리 시대 왕들의 마음을 바꿀 수 있는 실질적인 도구다. 잠 22:29 참조

우리가 받은 임무는 분명하다. 열방을 제자 삼아야 하는 것이다! 그리고 보기에 불가능해 보이는 이 임무를 가능케 하기 위해서, 하나님께서는 '만국의 보배'라 불리시는 그분을 우리 가운데 거하게 하셨다. 주님에 대한 이 계시는 궁극적으로 우리에 대한 계시이다. 왜냐하면 우리가 그분의 몸

이기 때문이다. 하나님의 형상대로 지어졌기 때문에, 우리는 주님의 위대하심을 이 세상 가운데 비춰낼 특권과 책임이 있다. 열국은 우리 세상이 마주한 문제들에 해답을 가져다 줄 사람들을 찾고 있다.

한나의 신비

한나의 태는 닫혀 있었다. 불임인 한나는 기적이 없이는 자녀를 낳을 소망이 없었다. 자연계의 사람들에게는 잔인하게 들릴지 몰라도, 하나님께서는 한나의 최대 성공을 이루기 위해 이를 사용하셨다. 불임 가운데 한나는 간절한 마음을 성장시킬 수 있었다. 약속의 목적은 전략을 짜고 계획할 영감을 주기 위한 것이 아니라, 오히려 하나님의 나타나심에 대해 간절하게 만드는 것이다. 그러니까 어떤 영역에서든 우리가 불모의 상태라면, 탁월할 수 있도록 초청 받은 것과 같다는 뜻이다. 한나는 스스로의 운명을 성취하는 데에 동역자가 되었다.

솔로몬은 이렇게 말했다. "처음에 속히 잡은 유업은 마침내 복이 되지 아니하느니라." 잠 20:21 모든 것이 우리에게 쉽게 다가오진 않고, 그래서도 안 된다. 우리를 위해 감추시는 하나님께서는 우리에게 그분의 왕국을 유업으로 주기도 하신다. 이스라엘은 약속의 땅을 받았지만, 그들에게 짐승들이 너무 많아지지 않도록 그 땅이 조금씩 임하게 될 것이라는 말씀을 들었다. 주님의 약속은 모든 것을 덮는다. 주님의 약속은 예와 아멘이다! 고후 1:20 참조 모든 것이 십자가 상의 구속의 은혜로 덮이지만, 우리에게 주어지는 것은 조금씩이다. 때로는 우리의 협력적 노력을 통해서 말이다.

기적을 향한 여정 가운데 이것은 나에게 개인적으로 대단한 교훈이 되었다. 마리오 무리요는 그 누구보다도 내게 부흥 운동자로서의 열정을 일으켜 주었다. 약 20년 전, 나는 그에게 열매 없는 이론들로 인한 좌절에 대해 나누며 기적의 삶에 대해 물어보았다. 그때까지 나는 여러 차례 시도해 봤지만 아무도 치유되는 것을 목격한 적이 없었다.

마리오는 내 삶 가운데 가장 강력한 예언의 말씀을 주며 격려했다. 주님께서는 그 말씀으로 기적을 내 인생의 정기적인 부분으로 만드시겠다는 그분의 의도를 전달하셨다. 나는 수년간 그 약속을 두고 기도했다. 최근 몇 년간 나는 수천 명의 사람들이 치유되는 것을 보았다.

얼마 전에 마리오 부부가 우리 집에 점심을 먹으러 왔다. 나는 마리오에게 그가 1988년에 내게 전한 예언의 말씀을 보여 주었다. 그렇게 한 것은, 내게 그토록 격려가 되어 주었던 것에 감사하고 싶어서였다. 그는 한나의 닫힌 태에 대한 이야기를 들려 주었다. 하나님께서 내게 기적의 영역들을 닫아두셨던 것은 벌을 내리신 것이 아니라, 내가 그 돌파에 이르렀을 때 그것을 삶의 방식으로 유지할 수 있을 정도의 간절함으로 이끄시기 위해서였다는 것이다. 그것은 길고도 고통스러운 교훈이었다. 하지만 나는 받고 말았다. 그리고 주님의 뜻이 정말 이해가 된다.

마리아의 신비

예수의 어머니 마리아는 가장 주목할 만한 형태의 신비를 지니고 살았다. 예수께서 인격화된 부흥이셨기 때문에, 마리아는 그 누구보다도 부흥을 지니고 살았던 것이다. 마리아에겐 궁극의 신비가 주어졌다. 말씀과 체험 모두로 말이다.

가브리엘 천사가 말한 대로 마리아는 그리스도를 자녀로 낳았다. 예수의 목적과 신성을 인정했던 이들이 이야기했던 것들을 마리아는 마음 깊이 숙고했다. 여기서 "것들"이라는 말은 원어로 "레마"이며, 하나님께서 신선하게 전하신 말씀을 가리킨다. 마리아는 하나님께서 자신에게 말씀하신 것들을 숙고했다. 이해하지 못할지라도 말이다. 마리아의 깊은 생각으로 뿌리가 내릴 수 있었고, 약속이 드러나기까지 말씀이 자랄 수 있었다. 하나님의 말씀은 자신을 내어드린 신자의 마음 가운데서 자란다.

마리아가 신비를 마주한 내용을 이렇게 정리해 볼 수 있겠다.

1. 젊은 마리아는 가브리엘 천사를 만나게 됐다.
2. 가브리엘은 마리아에게 이해할 수 없는 말씀을 전했다. 처녀인 상태로 메시아를 낳게 되리라는 것이었다. 성경적으로 전례가 없는 사건이었다.
3. 마리아는 "주님의 말씀에 따라 제게 이루어지게 하십시오"라는 대답으로, 이해할 수 없는 것에 대해 자신을 내어드렸다.
4. '하나님께서 나를 임신시키셨다'는 소식으로 마리아는 약혼자 요셉을 거의 놓칠 뻔했다. 천사가 요셉에게 나타나 그것이 진실임을 확증시키고, 결혼을 구할 수 있었다.
5. 마리아는 궁극적 부흥-예수-의 영향 아래 '드러나기' 시작했다. (임신/부흥이라는 실재는 이 정도밖에 숨길 수 없다)
6. 마리아의 아들이 메시아라는 것을 안 사람들은 종종 하나님의 위대하심에 대해 말했다. 마리아는 그들의 말을 마음에 품었고, 그렇게 다시 임신 상태-이번에는 약속에 대하여-가 되었다.

사실 마리아의 영광스러운 이야기는 우리가 하나님의 약속의 말씀으로 수태될 때마다 반복되는 것이다. 여전히 그리스도께서는 그분의 백성 가운데 조성되고 계신다. 이러한 영적 실재는 마리아가 체험한 자연적 실재에 비해 경히 여겨질 것이 아니다. 나는 어떤 의미로든 마리아의 명예를 빼앗고자 하는 것이 아니다. 마리아는 영원히 "주님께 큰 은혜를 입은 자"로 여겨질 것이다! 이것은 오히려 모든 사람의 마음속에 성령이 역사하는 것에 대한 경의를 더 높이기 위한 것이다.

지금 임한, 그러나 아직 임하지 않은 왕국

20여 년 전 '지금 임한, 그러나 아직 임하지 않은 왕국'이라는 문구를 처음 읽었을 때, 당시에는 그것이 약속의 선언으로 쓰였다. 주어질 수 없다고 늘 여겨 왔던 것들을 지금 바로 취할 수 있다는 것을 깨달으니 도움이 되었다. 그 문구는 어떤 것들은 시간 가운데 주어질 것이요 다른 것들은 영원에 이르고서야 주어질 것이라는 실재에 초점을 맞출 수 있게 해 주었다. 하지만 동일한 문구가 또한 소망을 불어넣는 것이 아닌, 한계와 제한을 정하는 데에도 쓰였다. 현재에 실현되지 않은 약속들에 대한 사람들의 불만을 완화하는 데에 사용된 것이다. 하지만 나는 이러한 접근에 문제를 제기하고 싶다. 사람들이 현재 가능한 것보다 더 적은 것들로 만족하도록 하기 때문이다. 나는 가능성이나 약속에 대한 묘사로 이 문구가 쓰이는 것을 거의 들어보지 못했다. 예수께서 가르치시거나 만드시지 않은 경계와 장애들을 수반하는 말이 된 것이다.

하나님의 왕국이 충만하게 드러나면 우리의 육체가 견딜 수 없는 것은 사실이다. 하지만 또한 우리가 하늘에 있을 때에도 여전히 '지금 임했지만 아직 임하지 않은 왕국'이라고 말할 수 있으리라는 것도 사실이다. 왜냐하면 주님의 통치는 더함이 무궁할 것이기 때문이다. 영원을 관통해 주님의 왕국은 확장될 것이며, 우리도 항상 전진할 것이다. '지금 임한, 그러나 아직 임하지 않은 왕국'이라는 개념이 약속과 잠재성을 정의하기 위한 것이라면 나는 사람들에게 받아들이라고 한다. 그러나 우리의 한계와 제한에 대한 인식을 심어 주려는 것이라면, 거부하라고 한다.

우리는 더 이상 왕국을 진짜로 경험해 보지 못한 사람들이 우리가 살면서 무엇을 가질 수 있고, 가질 수 없는지에 대해 가르치도록 할 필요가 없다. 체험적 패러다임을 가지고 믿음으로 행하는 사람들은 항상 우리가 이미 본 것과 아직 보지 못한 것 사이의 긴장 가운데 살 것임을 안다. 우리는 언제나 하나님 안의 더 많은 것을 향해 움직인다. 이것이 체험을 통한 이해라는 것이다.

누군가는 역사적 성취의 경계를 뛰어넘어야 하며, 동시대 사람들이 불가능하다고 생각해 왔던 것을 시도해 봐야 한다. 교회는 '변하지 않는 무리'로 알려진 경우가 많다. 우리보다 앞서 살았던 이들이 그들의 선배들이 체험했던 경계를 뛰어넘고자 추구하지 않았다면, 오늘날 존재하는 것 가운데 있을 만한 것이 별로 없었으리라. 교회도 마찬가지다. 하나님께서는 우리 모두를 이 모험 가운데로 부르셨다. 그리고 우리는 이 모험을 정상적인 그리스도인의 삶이라 부른다.

신비의 언어

하나님께서 그분의 신비의 영역을 포용하도록 부르실 때, 주님께서는 우리 안에 믿음의 생명을 세워 주신다. 하지만 세상 가운데 변화를 일으키고자 갈망하는 이들에게만 신비를 풀어 주길 원하신다. 감춰진 것들이 드러나는 것은 굶주려 그분의 음성을 알아들을 수 있는 자들을 위함이다. 이것이 다음 장의 주제다.

* * *

1. 나의 의역.
2. 혼에 대한 가장 흔한 정의는 마음, 의지, 감정이다.
3. 이스마엘은 아브라함의 노력에 의한 아들이었고, 이삭은 하나님의 약속으로 낳은 아들이었다.
4. "계시의 영"이라는 장에서 이 내용을 더 다룬다.
5. 하나님의 시각에서 '심판'이라는 것은 모든 이들의 종이 된다는 의미임을 알아야 한다. 너무나 많은 이들이 이 신학을 받아들여, 예수께서 하지 말라고 경고하신 그대로 다른 이들에 대한 판단을 추구하는 핑계로 사용하고 있

다. 우리의 특기는 지금까지도 그래왔듯, 언제까지나 섬김일 것이다.
6. 마지막 때에 대한 신학에서 가장 큰 오류들은 주님의 충분히 명쾌한 계명들을 재정의하기까지 그 유형과 상징들을 해석하는 데서 나온다. 예컨대, 많은 이들이 "하늘에서와 같이 땅에서도"와 같은 간단한 기도의 명령에 순종하기보다 하나님과 마곡, 10국가 연합, 7년 환란, 적그리스도 등에 대해 훨씬 많이 안다.

PART **4**
성령의 언어

성령의 언어를 알지 못하는 사람에게는 주님의 뜻에 담긴 아름다움이 상실된다. 하나님께서 어떻게 말씀하시는가를 배우는 것은 필수적이다.

"이 소리가 난 것은 나를 위한 것이 아니요, 너희를 위한 것이니라."

요 12:30 참조

CHAPTER 04

하나님께서는 당신으로부터가 아니라
당신을 위해 감추신다

하나님께 드려진 상상력은 성화된 상상력이 된다. 그리고 성화된 상상력을 통해 비전과 꿈을 갖게 되는 것이다. 서구 세계의 교회 내에는 상상력의 사용에 대한 과대 망상증이 심각하다[1]. 그 결과, 믿지 않는 사람들이 창조적 표현에 있어 주도적인 경우가 많다. 예술과 발명들을 통해 말이다. 이들은 상상력에 대한 편견이 없다.

상상력은 마치 화가에게 주어진 캔버스와 같다. 캔버스가 깨끗하다면, 화가가 작업할 수 있는 공간은 넓다. 하나님께서는 우리의 상상력을 사용하여 그분의 인상을 우리에게 그려주기를 아주 기뻐하신다. 그래서 하나님께 상상력을 내어드린 사람들을 찾고 계신다. 하지만 '가치 없다'는 생각으로 사로잡힌 사람들은, 계시를 많이 주고 신뢰하시기에는 너무나 자기 중심적이다. 어느 때가 되면 더 이상 우리 자신에 대한 것이 아니라, 주변 사람들을 위해 그리스도 안에 있는 유익들을 사용할 수 있게 되어야 한다. 그러한 위치에서 우리는 하나님의 신비에 대한 무제한적인 접근 권한을 갖게 된다. 그리고 하나님의 신비는 죽어 가는 이 세상의 필요를 만질 수 있도록 우리에게 능력을 주는 것이다.

예수님은 하나님의 말씀이시다. 예수께서 무언가 할 말이 없으신 경우는 거의 없다. 때때로 우리는 하나님께서 우리에게 말씀하지 않으시는 듯한 시기를 겪는다. 그게 불가능한 것은 아니지만, 대부분의 경우에는 주님께서 그분의 언어를 바꾸신 것이고 우리도 그에 적응하기를 기대하고 계신다.

하나님의 들리는 목소리를 놓치다

아버지여, 아버지의 이름을 영광스럽게 하옵소서 하시니 이에 하늘에서 소리가 나서 이르되 내가 이미 영광스럽게 하였고 또다시 영광스럽게 하리라 하시니 곁에 서서 들은 무리는 천둥이 울었다고도 하며 또 어떤 이들은 천사가 그에게 말하였다고도 하니. 요 12:28-29

예수께서 무리들에게 말씀하고 계시는 가운데 아버지의 목소리가 하늘에서 들려 왔다. 사람들은 무언가 소리가 들린다는 것은 인정했지만, 그게 무엇인지는 아무도 알지 못했다. 이들은 하나님의 음성을 깨닫는 데에 실패했을 뿐 아니라, 이처럼 비범한 사건이 스스로의 삶에 어떤 의미가 있는 것인지 발견하지 못했다. 예수께서는 그들의 불신에 대해 이렇게 반응하셨다.

"이 소리가 난 것은 나를 위한 것이 아니요, 너희를 위한 것이니라." 요 12:30 참조

하나님께서는 자비 가운데 모든 방관자들에게 불신의 생활을 벗어날 수 있는 길을 제공하시려고 이렇게 말씀하셨다. 하지만 그들의 굳은 마음은 그 말씀의 의미와 말씀하시는 분을 인식하지 못하도록 차단했다. 그래서 그 듣는 바가 이해할 수 없는 소리가 된 것이다. 우리는 하나님께서 분명히 말씀하심을 안다. 고전 14:9 하지만 사람들이 이해하지 못한 것은, 그들의 불신앙적인 경향 때문이었다. 요 12:37 어떤 이들은 그것이 천둥이라 생각했다. 비인격적인 자연의 활동이라는 것이다. 또 다른 이들은 천사라고 생각했다. 영적인 존재지만, 자신들과는 아무 상관 없다는 것이다[2]. 옛말에도 있듯, 갈급한 마음을 가진 사람이 가장 잘 듣는다.

지혜로 가장한 불신

요한복음 12장의 이야기는 서구 세계 교회들에 대해 내

가 가장 크게 우려하는 바를 다루고 있다. 다름 아닌 불신이 만연해 있다는 점이다. 불신은 너무나 오랫동안 지혜로 가장해 왔고, 이제 그게 얼마나 큰 죄악인지 노출시켜야 할 때다. 불신은 겉으로 보기에는 생명에 대한 보수적 접근이지만, 실제로는 하나님 자체를 인간의 이성과 통제 하에 두고자 하는 역사다. 불신은 다른 이들의 의견을 먹고 자라는데, 다른 이들은 걸려 넘어진 극단으로 넘어가지 않는다고 시종 자위한다. 그러한 종교적 덫에 걸려 살아가는 사람들이 거의 깨닫지 못하는 바는, 불신의 마음가짐으로는 결코 예수의 능력과 영광을 드러낼 수 없다는 것이다.

나를 괴롭게 하는 것은, 너무나 많은 그리스도인들이 내가 주님께서 하시는 것을 보았다고 이야기하는 그대로 정말 행하시는지 증명을 해보라고 하는 것이다. 마치 성경 자체가 충분한 증거가 되지 못하는 것처럼 말이다. 더 충격적인 것은 기적이 눈앞에서 일어날 때 그들은 하나님께 찬양을 드리기 전에 의사 소견서, 엑스레이 등이 있어야 한다고 주장하는 것이다.

휠체어를 타던 사람이 걷고 이전에 눌려 있던 사람이 기뻐하며, 듣지 못하던 사람이 청력을 가지고 찬양 드리는 가운데 지켜 보는 사람들은 아직도 그게 정말 기적인지에 대한 증거를 요구하는 모습을 보면 통탄스럽다. 허풍선이들이 존재함을 깨닫게 되는 것이다. 하지만 속임으로부터 우리 자신을 보호하려는 엄청난 노력은 기만으로부터 떨어지려는 우리의 지혜라기보다는 불신의 표징에 가깝다. 그러한 두려움은 불신이 오랜 기간 다스려왔다는 뜻이다.

하지만 "사랑은 모든 걸 믿는다." 고전 13:7 하나님의 사랑을 더 깊이 만나게 되면, 비이성적인 조심성으로 말미암은 두려움에 스스로를 보호하려는 경향에서 자유로워진다. 그리고 "믿음이 사랑을 통해 역사함" 갈 5:6 을 생각할 때, 하나님의 기적을 믿는 믿음조차도 주님의 사랑을 체험함으로써 임한다고 할 수 있다. 하늘 아버지의 아낌 없는 사랑을 대면하는 압도적인 체험을 하면 불신의 대부분을 해체할 수 있을 것이다.

우리가 믿을 수 있도록 증거를 주시라고 하나님께 지속적으로 구하는 것은 지혜가 아니다. 기적적인 증거에 노출되면 신앙 가운데 자라게 되리라는 사실에는 의심의 여지가 없지만, 그러한 요구는 주님에 대한 갈망이 아니라 오히려 하나님을 시험하려는 일이다. 주님께서는 심판 받지 않으신다. 우리가 받는 것이다. 새롭게 되지 않은 생각은 하나님과 대치 상태에 있고, 우리를 위해 하나님을 보여 주시라고 요구하게 된다. 그처럼 건강하지 않은 태도는 우리를 심판자의 자리에 둔다. 그리고 그와 같은 거만이 불신의 아비다.

예수께서는 종교인 무리들과 여러 번 마주하시면서 이러한 태도에 맞서셨다.

최후의 식사

변함 없는 믿음의 마음은 주님의 음성을 기대하며, 주님의 다음 걸음을 살피며 "하나님께 기댄다." 예수께서 그러셨던 것처럼 우리도 "내 음식은 나를 보내신 이의 뜻을 행하는 것이다"라고 말할 수 있다. 요 4:34 나는 하나님의 말씀을 들을 때 힘을 얻는다. 주님의 음성에 기꺼이 순종할 때 자양분을 얻는다. 인생의 상황이 의미와 목적을 갖는 것은 예수를 따르려는 변함 없는 믿음 때문이다.

하나님의 음성을 듣는 것은 그리스도인의 삶의 필수적인 요소이다. 왜냐하면 "사람은 빵으로만 사는 것이 아니라, 여호와의 입에서 나아오는 모든 말씀으로 살기 때문이다." 마 4:4
주님의 음성이 우리의 생명이다.

우리가 삶 가운데 앉아 먹을 수 있는 테이블이 많다. '여론'이라는 테이블도 있다. 그 음식은 달지만 위를 쓰리게 한다. '개인적 성취'라는 테이블도 있다. 분명히 힘을 주는 음식이지만, 올라갈 때만큼 빠른 속도로 추락한다. 소화도 잘 되고 초자연적인 힘을 주는 풍성한 음식이 있는 테이블은 단 하나뿐이다. '하나님의 뜻'의 테이블인 것이다.

내가 겪은 부흥

나는 교회 지도층 가운데 부흥을 위한 부르짖음을 보고 캘리포니아 주 레딩 시에 위치한 베델 교회의 목회를 맡기로 결정했다. 그 전에는 위버빌 시에 위치한 마운틴 채플의 목사였는데, 그곳에서 우리는 성령의 놀라운 부으심을 체험했다. 베델 교회는 나와 식구들이 17년을 다닌, 위버빌에 있는 우리 교회의 모교회다. 나는 베델 교회의 원로 목사가 되어 달라는 초대를 받았다.

새 교회 식구들에게 부임에 대해 이야기하면서, 나는 부흥을 위해 태어난 사람이라고 말했다. 하나님의 영의 역사와 강림에 따르는 혼란을 원하지 않는다면 잠 14:4 참조, 나를 원하지 않는 것이니 협상할 수 없다고 했다! 그들은 거의 만장일치로 나를 지지하며 긍정적인 반응을 보였다.

성령의 강림은 거의 즉시 시작되었다. 인생이 변화되었고 육체가 치유되었으며, 하나님과의 만남이 놀라운 성장세를 보였다. 그리고 약 1,000명의 사람들이 교회를 떠났다. 일어나는 일들이 그들의 평가 기준 밖에 있었으며 자신들의 체험과 다른 세계였던 것이다.

목회자들에게 성도들이 교회를 떠날 때보다 더 통렬한 경우는 별로 없다. 개인적인 거절감으로 느껴질 때가 있다.(실제로 그런 경우도 있다) 사역을 하는 사람들은 분명 이러한 감정에 무뎌질 수 없을 것이다. 목회자들은 특이한 종족이다. 우리를 미워하는 사람들이 교회를 떠나는 데도 기분이 나쁠 때가 있다. 이렇게 이상한 "출애굽"시기에, 우리 부부는 통렬한 기분에 익숙해졌다. 그것은 하나님께서 초자연적인 은혜를 주셔야만 가능한 일이다. 상황과 반대되는 기쁨의 삶을 살 수 있다는 게 말이다.(많은 이들을 넘어뜨리는 이것의 위조품은, 어느 누구도 영향을 미칠 수 없도록-좋은 식으로든 나쁜 식으로든-마음을 냉담하게 하는 것이다. 그리고 어떤 이들은 그러한 상실감이 마음에 남긴 여파에 대해 계속 부인하며 산다. 둘 다 건강하지도, 용납될 수 있는 일도 아니다) 주신 은혜 때문에, 우리는 하루도 낙심하거나 하나님께 힐문하며 살지 않았다. 실로 우리의 음식은 주님의 뜻을 행하는 것이었다. 거기서 우리에게 필요한 온갖 영양분과 힘이 임했다.

하나님의 베푸심 때문에 이 모든 것이 가능했다. 주님의 임재가 점점 더 밝히 드러나, 주님께서는 그분의 뜻을 결코 놓칠 수 없을 만큼 명백하게 하셨다. 때로 하나님께서는 우리에게 꿈과 환상으로, 또는 마음속의 또렷한 인상으로 말씀하셨다. 어떤 때는 우리가 취해야 할 진로에 대해 확증하거나, 이해를 더하는 예언의 말씀을 전해 주셨다. 한 번도 의심할 여지가 없었다. 삶이 크게 변화된 것과 더불어 주님의 임재의 정도가 더해진 열매로 우리는 그토록 명백한 실패 가운데서도 미소 지을 수 있었다. 오늘까지 우리는 그처럼 패배적인 상황 속에서 그런 성장을 체험할 수 있었던 것을 특권으로 여긴다.

지금 우리는 급성장하고 있다. 놀라운 기적들이 점점 더 많이 나타나고 있다. 하지만 너무나 많은 것들이 틀리게 보여서, 자연적 이성으로는 그 비논리를 행복하게 받아들일 수 없었던 첫 부으심의 순간들을 나는 은밀하게 즐긴다. 때로는 반대 세력이 맹렬했다. 중상과 유언비어는 매일처럼 보복심으로 커져 갔다. 거의 1년 가깝게 우리 교단 사무실은 하루도 빠짐 없이 우리에 대한 민원과 고소를 받았다. 하지만 오직 하나님께서만 그러한 시기를 그와 같이 놀랍게 만드실 수 있다. 왜냐하면 주님의 뜻만이 완전한 영양을 제공하기 때문이다. 지금까지도 그래 왔고, 언제까지나 주님의 뜻은 내가 가장 좋아하는 음식일 것이다.

성령의 언어를 알지 못하는 사람에게는 주님의 뜻에 담긴 아름다움이 상실된다. 하나님께서 어떻게 말씀하시는지를 배우는 것은 필수적이다. 주님의 제1언어는 영어가 아니다. 사실 히브리어도 아니라고 말하는 것이 확실하겠다. 주님께서는 사람의 언어를 사용하여 우리와 소통하시지만, 다른 수많은 방법들을 통해 말씀하시는 경향이 크다.

이 장의 나머지 부분에서, 우리는 '성령의 언어' 몇 가지를 살펴볼 것이다. 이 주제에 대해 다룬 좋은 자료들이 너무나 많기 때문에, 나는 상대적으로 조금 애매한 '함의 구절'(Dark Saying)만 살펴 강조하기로 하겠다. 이것이 전체 목록이라고는 생각지 말라. 내가 하나님과 모험하면서 발견한, 제한된 내용일 뿐이다.

성경이라는 언어

어떤 식으로든 하나님의 말씀을 '듣는 데'에 기초가 되는 것은 성경이다. 하나님께서 그분의 말씀을 거스르지는 않으시지만, 때로는 말씀에 대한 우리의 이해를 거스르실 때가 있다. 기억하라. 하나님께서는 그분의 책보다 크시다. 성경은 하나님을 담지 않는다. 하나님을 계시하는 것이다.

이 진리는 '단어'를 뜻하는 두 개의 헬라 단어 '로고스'와 '레마'로 상징될 수 있을 것이다.

로고스는 흔히 기록된 말씀, 우리가 가진 성경을 가리킬 때 사용된다. 성경 읽기는 지시를 받고 주님의 음성을 분별하는 법을 배우는 데에 가장 많이 쓰이는 방법이다. 매 페이지가 생명에 대한 실질적 지침들로 가득하다. 하나님의 말씀의 원리들을 배우면 우리 마음속에 진리를 확립해 주님의 음성을 분별하는 법을 학습하는 데에 도움이 된다.

시편 기자도 이 목적을 확증했다. "내가 주께 범죄하지 아니하려 하여 주의 말씀을 내 마음에 두었나이다." 시 119:11 여기서 생명에 대한 하나님의 왕국의 원리들을 발견한다. 이것들은 누가 적용하든지 효력을 발휘하는 말씀이다.

레마는 생생하게 전달된 말씀이다. 레마는 항상 말로 표현되는 그것의 표현이다. 그러므로 직접성을 수반한다. 많은 경우 하나님께서는 말씀에 생기를 불어 넣으사 '지금'을 위해 쓰인 것에 생명을 주신다. 직접 하신 말씀은 결코 기록된 말씀을 대체할 수 없다. 우리가 마음속에 기록된 말씀을 더 많이 품을수록, 들려 주시는 말씀을 들을 수 있는 능력도 더 커진다. 왜냐하면 주님께서는 우리 마음속에 쌓여 있는 것에 대고 말씀하시어, 그것을 불러내시기 때문이다.

귀로 들리는 음성이라는 언어

여호와의 음성은 우리가 맞는 언어를 찾아야 하는 인상이 아니다. 하나님께서 우리에게 직접 단어 하나 하나로 전달해 주시는 소통법이다. 귀에 들리는 음성은 우리가 깨어 있거나 잠들어 있을 때에 물리적 청각으로 들릴 수 있다. 또한 우리의 영의 귀에 들릴 수도 있다.(이 둘을 구분하는 이유는, 그런 일을 겪고 난 후에 이것이 외적인 소리였는지 내면의 음성이었는지 항상 기억할 순 없기 때문이다. 이것은 하나의 생각 이상이다. 누군가 이야기하는 것을 듣는 것처럼 또렷하다)

나는 최소한 두 번 정도 귀에 들리는 주님의 음성으로 인해 깬 적이 있다. 하지만 당시에 나는 아내가 그것을 듣지 못했으리라고 생각해 본 적이 없다. 그런데 듣지 못한 것이다. 그래서 내가 요한복음 12장에서와 같이 물리적 청각으로 들릴 수도 있고, 영으로 들을 수도 있다고 하는 것이다. 한 번은 주님께서 나를 깨우사 이런 음성을 들려 주셨다. "주님을 바라보는 자들의 파수를 주님께서 지켜 주신다." 그때 그 문장이 밤새 내 머릿속을 관통해 있었다. 주님만을 바라보는 법을 배울 수 있도록 주님께서 나의 주의를 온전히 기울이기를 원하심이 분명해졌다. 그렇게 행하는 가운데 주님께선 나를 근심케 하는 모든 것들을 지켜 주실 것이다.

고요하고 작은 음성이라는 언어

이것은 마음에 들려오는 조용한 음성 혹은 인상이다. 어쩌면 가장 많은 사람들이 하나님의 음성을 이런 식으로 들을 것이다. 때로는 우리 자신의 생각과 아이디어로 된 '내면의 음성'일 수 있다.

우리가 그런 음성을 갖고 있긴 하지만, 주님의 고요한 음성을 분별하는 법을 배우는 것이 지혜다. 잠잠한 목소리다. 그러니 우리는 그 음성을 계속해서 분별할 수 있도록 조용해져야 한다. 어떤 이가 주님의 음성을 분별할 수 있는 유익한 힌트를 주었다.

"우리가 스스로 생각해 낼 수 있는 것보다 좋은 아이디어가 떠올랐다면 하나님의 음성이다."

환상이라는 언어

환상은 물리적 눈과, 마음의 눈 모두에 임한다. 마음의 눈에 임하는 것은 머릿속에 그려지는 생각으로, 고요한 주님의 음성의 비주얼에 해당된다. 이 그림은 받기가 쉬운 만큼 놓치기도 쉽다. 주님께[3] 기대는 것이 이 환상에 초점을 제대로 맞춰 준다.

외부: 많은 사람들이 이것을 '열린 환상'이라 부른다. 나는 이런 것을 본 적이 없지만, 친구들 가운데에는 그런 경우가 많았다. 그중에는 선배 크리스 배러튼도 있었다. 하나님께서 크리스에게 사용하신 방법 중 하나는, 영화 스크린 같은 것이 머리 위에 나타나고 하나님께서 그 사람의 인생의 일부를 재생해 주시는 것이다. 그것을 묘사하면 사람들의 주목을 끌게 되고, 의미 있는 개인 사역을 받아들일 수 있도록 준비시켜 준다.

내부: 독일에서 열리는 치유 저녁 집회를 위해 떠난 선교여행에서, 나는 대단한 사역체의 지도층과 함께 기도 중이었

다. 갑자기 마음속에 '스냅 사진'이 깜빡이는 것을 보았다. 그 가운데에서 나는 누군가 내 옆에 앉아 있는 것을 보았는데, 그 사람은 마치 엑스레이 사진처럼 척추뿐인 모습이었다. 그리고 어떻게 된 건지 나는 그것이 관절염에 걸린 모습임을 알 수 있었다. 환상 속에서 나는 사람들을 가리키며 말했다. "주 예수께서 여러분을 고치십니다!" 이 환상은 실제보다 훨씬 극적인 것처럼 들린다. 나를 집중시키던 하나의 간단한 스냅 사진이었다. 쉽게 놓칠 수도 있는 것이었다.

내가 말할 차례가 되자, 우선 척추에 관절염이 있는 사람이 있는지 물었다. 내 오른쪽의 여인이 손을 들었다. 그 자매에게 일어나라고 부탁한 뒤, 선포했다. "주 예수께서 자매를 고치십니다!" 자매는 떨기 시작했다. 내가 물었다. "어디가 아프죠?" 그녀는 격렬히 통곡하며 대답했다. "말도 안 돼요! 불가능한 일이에요! 없어졌어요!" 자매는 내면의 환상을 통해 전달된 선포로 치유 받았다.

다른 한 번은 캘리포니아 주 로즈빌 시에서 타드 벤틀리와 천막 집회를 하고 있을 때였다. 나는 또 한 번 내면의 환상을 보는 독특한 체험을 하게 되었다. 경배 가운데 나는 척추의 목 부분을 보았고 부상이 있음을 발견했다. 하지만 나는 또한 숫자 94가 떠다니는 것도 보았다. 극적인 것이 아니고 아주 미묘해서 놓치기가 쉬웠다. 말씀을 전할 차례가 되었을 때, 나는 1994년에 일어난 사고 등의 이유로 목에 부상을 당한 사람들이 있으면 나오라고 했다. 놀랍게도 12명이 기도를 받기 위해 나왔다. 기도 시간 후에 나는 8~9명과 이야기를 나눌 수 있었는데, 모두가 다 치유를 받았다.

꿈이라는 언어

분명 꿈은 대부분 밤에 일어나는 현상이다. 하지만 백일몽과 유사하게 꿈을 꾸는 형태도 있다. 이런 것은 우리가 깨어 있을 때 일어나며, 무시해 버릴 가능성이 더 크다. 왜냐하면 스스로 상상하는 것이라고 생각하기 때문이다. 더 강력한 형태로 나타나면 입신에 가까워진다. 다시 말하지만, 하나님께 기대면 이러한 도구가 더 또렷한 관점을 갖게 되며, 어떤 것이 하나님께로 말미암은 것이며 어떤 것이 자신의 상상인지를 알아보는 데에 필요한 분별력도 주신다.

백일몽 컨퍼런스 중 의자에 앉아 있는데, 갑자기 기도의 집에 대한 몽상을 하게 됐다. 나는 동서남북으로 창이 난 네 개의 벽을 볼 수 있었다. 각각의 창문 위에는 이사야 구절이 써 있었다. "내가 북쪽에게 이르기를 내놓으라!" 각기 다른 방향을 향하고 있는 모든 창문들 위에 동일한 메시지가 써 있었다. 카펫에는 나침반 역할을 하는 별이 있었는데, 이것

역시 동서남북을 가리키고 있었다. 방 한가운데에는 계속 흘러 나오는 분수가 있었다. 나는 그 방이 알라바스터(산석)의 집이라 불릴 것을 알고 있었다.(예수께서 죽기 전에 한 여인이 예배의 궁극적 표현으로 그분께 부은 진귀한 향유-실제로 1년치 봉급에 상당-를 담는 데에 알라바스터 병이 쓰였다. **막 14:3 참조** 제자들은 이 여인이 향유를 낭비하였다고 생각하여 화를 냈다. 그것을 팔아 가난한 자들에게 주었으면 더 좋았을 것이라 생각했기 때문이다. 예수께서는 다른 관점에서 보셨다. 이것을 예배라 부르신 것이다) 나는 사람들이 스스로를 예수께 낭비할 수 있는 장소를 지어야겠다는 생각이 들었다!

내가 우리 교회 이사회와 이 체험을 나눴을 때, 한 사람[4]이 다음날 따로 만나자고 했다. 그 사람은 내가 이야기했던 것과 똑 같은 기도의 집을 2년 앞서 계획해 왔다며, 그것을 가져왔다. 두말할 필요도 없이 우리는 알라바스터의 집을 지었다. 이 공사가 진행되던 것은 1,000명이 우리 교회를 떠나던 바로 그때였다. 우리는 빚 없이 현금으로 건물을 지었다. 하나님의 놀라운 자비와 은혜에 대한 또 다른 간증이다.

밤에 꾸는 꿈 새 목회자로서 교회에 오기 위해 준비하고 있는데, 나의 적응에 관한 잠재적 위험이 있다는 경고성 꿈을 꾸게 되었다. 꿈 속에서 나는 고속도로를 빠져나가고 있었다. 그러다가 도로를 지나 고가로 오르고, 다시 반대 방향으로 가는 고속도로를 타야 했다. 그러면서 나는 도로가 얼어 있어 회전을 아주 천천히 조심스럽게 해야지 그렇지 않으면 둑을 넘어 다시 고속도로로 굴러 들어갈 수 있다는 점을 발견했다. 나는 눈을 떴고, 하나님께서 필요한 변화를 너무 서두르지 말라고 말씀하시는 것을 깨달았다. 우리의 전환이 빨랐다고 여기는 사람이 있겠지만, 그 꿈이 아니었다면 나는 훨씬 더 빠르게 진행했을 것이다. 하나님께로부터 온 분명한 말씀이 있은 후에야 매 걸음을 내딛었다.

주님께서는 다른 꿈을 통해 '회전 주의' 기간이 끝났음을 알려 주셨다. 그 꿈 속에 나는 동일한 고속도로 상에 있었는데, 이번에는 반대 방향을 향하고 있었다. 도로 양편에는 눈부신 풀밭이 있었고, 포장도로는 얼음이 녹아 젖어 있었다. 이상하게 들릴지 모르지만, 빠른 속도로 운전하는 데도 물은 전혀 위험하지 않았다. 하지만 그것은 주님께서 부어 주시는 성령의 신선한 표징이었다. 급격한 전환을 위험하고 지혜 없는 것으로 만들었던 얼음이 녹은 것이었다. 속도를 늦추거나 우리의 진로를 방해하는 차는 전혀 없었다. 이 꿈을 주시면서 주님께선 이런 말씀을 하셨다. "이제 정차를 그만둘 때다." 두 번째 꿈은 첫 번째 꿈이 있고 나서 약 18개월 뒤에 주어진 것이었다. 교회를 떠날 사람 중 대부분은 떠난 상태였고, 나는 이제 더 많은 흐름을 바꾸기에 더욱 적절한 속도로 갈 수 있는 자유를 얻게 된 것이다.

함의 구절이라는 언어 잠 1:6

하나님께서는 때로 문구나 이야기, 수수께끼, 상황들 가운데 진리를 숨기심으로 우리에게 말씀하신다. 거기서 의미를 발견하라는 뜻이다. 하나님의 음성을 기대하며 그분께 기댈 때, 어떤 상황들이 하나님께로 말미암은 것인지 아니면 그저 인생의 비범한 사건들인지를 분별하기는 더 쉬워진다. 하나님께서 주시는 이러한 독특한 언어가 그분의 위대한 모험 가운데로 들어갈 수 있는 초대장이다.

비유 나의 부탁으로 우리 관리 팀의 한 사람이 예언을 하는 친한 친구와 나를 데리고 약 2만 8,000㎡에 달하는 우리 교회를 돌며 부동산 경계선의 모퉁이를 찾았다. 우리는 모퉁이에 말뚝을 박았다. 각 말뚝에는 각기 다른 색의 깃발을 붙였는데, 교회 위에 임한 특별한 은사와 소명을 상징하는 것이었다. 전에 이런 걸 해본 적이 없어서, 아주 특별한 체험이 되었다. 땅을 밟으며 그 예언자 친구가 보는 것에 따라 기도를 했다. 나와는 달랐지만 나는 그를 신뢰했다.

마지막 말뚝을 땅에 박는 순간, 네 마리의 거위가 날아가는 것이었다. 예언자는 거위가 옛 세계의 파수꾼이며 이 부동산의 네 모퉁이에 서있던 천사들을 상징한다고 했다. 그들이 하나님께서 이곳에서 하시는 일을 지키고 있었다는 것이다.

예수께서는 아버지께서 그분의 신비로 나아갈 수 있는 권한을 주셨다는 약속을 제자들에게 주시며, 비유를 사용해 가르치셨다.마 13:11 참조 주님께서 의도하신 메시지를 발견하는 데에 도움이 될 만한 해석의 패턴들이 있다. 예컨대 숫자 4는 땅을 상징한다. 이 땅의 네 끝을 이야기하는 것이다. 동서남북과 같이 말이다. 이런 것들을 이해하면 단순한 확증의 말씀으로부터 더 위대한 계시의 말씀에 이르기까지 모든 것을 더 명확히 들을 수 있다.

수수께끼 내가 이 이야기를 수수께끼라는 범주에 집어넣는 것은, 해석이 필요하기 때문이다. 때로 주님께서는 성경해석의 원리들을 통해 연구할 수 있는 것들로 말씀하신다. 예컨대 숫자 50은 희년을 의미한다. 이는 이스라엘이 50년마다 따르도록 지시하셨던-모든 빚을 탕감해 주고 노예들을 풀어 주는-희년의 원리로 말미암은 것이다. 다음의 이야기는 그런 식으로 해석할 수 없다. 오직 하나님께서만 설명해 주실 수 있다.

2003년 10월, 나는 오전 5시 55분에 깼다. 불과 며칠 새에 그 숫자를 여러 번 마주쳤다. 침대에 누운 상태로 나는 소리를 내었다. "주님, 무슨 말씀을 하시는 거죠?" 나는 누군가에게 얻어 맞은 것처럼 즉시 다시 잠이 들었다. 그 때 들릴 만한 소리로 말씀하셨다. "빚을 탕감하는 날의 기름 부으심이 네 위에 있다." 한 3분쯤 잠이 들었을까, 나는 즉각 일어났다. 그 날 이후, 우리 삶 가운데 주택 담보 대출을 제외한 모든 빚은 사라졌다. 우리는 주택 대출의 탕감도 곧 허락하실 것이라 믿는다. 숫자들은 만드신 분으로부터 오는 해설이 요구되는 퍼즐과 같다.

성경과 인생에 나타나는 숫자와 상징들을 해석하는 원리를 가르쳐 주는 대단한 책들이 많다. 하지만 나는 그 가운데 555가 빚 탕감을 의미한다고 이야기하는 책이 있을지 의심스럽다. 내가 당부하는 것은, 그 책들을 지침으로 사용은 하되 주님께서 다른 말씀을 하고 싶지 않으신지 여쭤 보라는 것이다. 비유는 더 상징적인 경향이 있고, 수수께끼에는 하나님의 설명이 요구된다.

비범한 우연 나는 인생의 대부분 가운데 이 현상을 거의 주목하지 못했다. 불과 지난 몇 년 동안 이런 식으로 보여 주시는 주님의 언어가 명확해졌다. **모든 우연이 하나님의 음성을 담고 있다고 말하면 틀린 것이겠지만, 하나님께서**

는 여러분이 생각하는 것보다 훨씬 자주 이런 식으로 말씀하신다.

얼마 전 주님께서는 다음과 같은 연속된 사건으로 내 이목을 집중시키셨다. 나는 텍사스 주에서 열리는 집회를 위한 준비 차 호텔에 체크인했다. 카운터 뒤편의 남자가 내게 308호실 열쇠를 주었다. 아무 생각이 없었다. 그 다음 도시로 향했는데, 이번에도 308호실 열쇠를 받게 되었다. 이상한 우연 같았지만, 전혀 비범할 것은 없다고 느꼈다. 그리고는 새벽 3:08에 잠에서 깼다. 하나님께서 드디어 내 주의를 사로잡으신 것이다. 나는 여쭸다. "주님, 무슨 말씀을 하시려는 거죠?" 며칠 동안 응답이 임하지 않았다. 사무실 책상에 앉아 있던 어느 날, 갑자기 생각이 떠올랐다. 18년 전 나는 주님께 글을 써도 되는지 여쭤 보았다.

얼마 동안 그 생각은 내 마음 가운데 있었지만, 나는 학생으로서 소질이 탁월하지 않은지라 글 쓰는 사람이 되기 위해 무얼 알아야 하는지 대부분을 놓쳐버렸다. 하지만 사라지지 않은 갈망이 있었다. 글 쓰는 것에 대한 질문을 두고 주님께서는 한밤중에 나를 깨우사 이렇게 말씀하셨다. "이사야 30장 8절." 성경을 열자 나는 이렇게 적혀 있는 것을 발견했다. "이제 가서 기록하라." 나는 곧바로 우리 교회 주보에 자그마한 칼럼들을 쓰기 시작했다. 나는 시간표에 그 시간을 떼어 두고, 어떤 경험을 해서 배워야 하는지 공부했다.

이제 18년이 지나고 보니 꽤 많은 분량을 썼다. 하지만 최근의 일정은 대부분 집회와 순회 설교로 짜여 있었다.

"308"이라는 글씨를 본 당시에는 글 쓰기를 위해 시간을 떼어둔 지 몇 달이나 된 시점이었다. 사실 내 일정은 그 목표를 점점 더 불가능하게 만들고 있었다. 308이라는 숫자는 내가 주님께 드렸던 질문, 그분의 응답, 그리고 그에 따라 내 삶에 주신 소명에 대해 상기시켜 주시는 것이었다. 주님의 확증이 내게 임했고 나는 회개했다. 향후 몇 달간의 일정을 스태프와 함께 살피며, 글을 쓸 수 있는 시간을 떼어 두기로 했다. 이 책을 쓰는 일도 바로 그 말씀에 반응한 것이었다.

텍사스로 갔던 바로 그 여행 기간 중 나는 또 다른 새로운 체험을 했다. 꼬리뼈가 부러진 사람에 대한 지식의 말씀을 집회 중에 주신 것이다. 한 여인이 자신이라고 소리쳤다. 아이를 낳다가 부러졌다는 것이었다. 그녀는 기도도 받지 않고 즉각 치유되었다.

잠시 후 나는 갈비뼈가 부러진 사람에 대한 지식의 말씀을 받았다. 동일한 여인이 방 뒤켠에서 소리쳤다. "(임신 중에) 아이를 데리고 다니다가 갈비뼈가 부러졌어요." 다시 한번 그 여인은 즉각적인 치유를 받았다.

다음으로 향한 지역에서, 누군가 다가와 아이를 낳다가 얻은 부상으로 오래 고생하다가 방금 치유를 받았다는 간증을 했다.(나는 이런 상태에 있는 사람을 치유한 기억이 없다. 자, 이제 두 도시에서 연속으로 여인들이 출산과 관련된 문제에서 치유를 받았다. 이건 비범한 우연이라는 성령의 언어다) 나는 집회를 중단하고 임신이나 출산으로 인한 육체적 문제로 고생하는 사람들은 모두 일어나라고 요청했다. 약 10명의 자매들이 일어났다. 그 후 몇 분 동안 최소 8명이 치유를 받았다고 간증했다.

비범한 상황 모세가 체험한 '불타는 떨기나무'가 이 범주에 해당될 것이다. 이것은 대단히 비범한 상황, 즉 그 자체로는 거의 의미가 없어 보이는 것들을 이야기한다. 하나님께서는 이러한 사건들을 삶 가운데 허락하사 우리의 주의를 끄시고, 우리가 우리의 안건과 계획들로부터 '돌아서기를' 바라신다. "여호와께서 그가 보려고 돌이켜 오는 것을 보신지라. 하나님이 떨기나무 가운데서 그를 불러 이르시되 '모세야, 모세야,' 하시매 그가 이르되 '내가 여기 있나이다.'" 출 3:4 모세가 돌아서자 여호와께서 말씀하셨다.

우리는 금요일 밤에 예배 전 기도 모임을 갖는다. 많은 이들이 교회 식당에서 모여 집회를 위해 기도한다. 어느 밤,

나는 조금 일찍 도착하여 혼자 기도하고자 했다. 내가 도착하자마자, 입에 도마뱀을 문 길달리기새가 서쪽을 향한 창문 벽에 나타났다. 그 새는 마치 안으로 들어오려는 듯 창문에서 춤을 추며 폴짝폴짝 뛰었다. 나는 캘리포니아 레딩에 살기 때문에 꽤 많은 시간을 야외에서 놀아 봤다. 그때까지 길달리기새는 본 적도 없었고, 캘리포니아 북부에 존재한다는 이야기도 들어보지 못했다. 나는 그 새한테 50cm까지 가까이 가서 생각했다. '예언적 의미가 없다고 하기엔 너무나 이상해.' 몇 분이 지나자 그 새는 사라졌다. 다른 사람들이 들어와 기도할 시간이 되었고, 자리가 차기 시작했다. 그러자 다시 길달리기새가 왔다. 스태프 중 한 명이 말했다. "오, 길달리기새가 돌아왔네." 나는 그게 무슨 뜻이냐고 물었다. "아, 지난주에도 왔었거든요." 나는 대답했다. "말도 안 돼요!" 그는 전혀 농담하는 얼굴이 아니었다.

그 후 몇 달 동안 그 새는 우리의 기도 모임에 거의 매번 찾아왔다. 보통 도마뱀을 한 마리 물고서 말이다. 우리 청소년 리더들 중 몇 명은 수요일 밤 집회에 앞서 식당에서 기도회를 가졌다. 길달리기새는 그 모임에도 찾아오기 시작했는데, 이번에도 도마뱀을 물고 있었다. 나는 보통 '기적과 이사' 수업을 일요일 아침에 했다. 어느 날 아침에 '우리를 의아하게 만드는 표징들'에 대해 이야기하다가, 길달리기새를 예로 들게 되었다. 그때 마치 짠 것처럼 그 새가 또 창가에 나타났다. 사람들은 그 새를 가리키며 말했다. "저것 말씀이시죠?" 나는 충격을 받았다. 왜냐하면 마치 "짠 것처럼" 나타났기 때문이다.

이상하게 반복되는 이 사건에 대한 소문이 돌기 시작했다. 많은 이들은 의미를 발견하고자 연구를 해보려 했다. 자연계에서는 길달리기새가 독수리와 연관이 있다고 들었다. 이 새는 방울뱀을 죽여서 먹는 몇 안 되는 동물 중 하나였는데, 우리 동네에는 방울뱀들이 있었다.(그래서 나는 기뻤다) 나는 이미 독수리가 예언적인 것을 상징하며, 뱀들은 보통 마귀를 뜻함을 알고 있었다. 예언이 더해짐을 통해 대적이 짓밟힐 것을 알게 되니 큰 기쁨이 넘쳤다.

이때 우리는 알라바스터의 집이라고 하는 24시간 기도 채플을 세워가고 있었다. 길달리기새는 자신의 초점을 기도모임에서 그 건물로 옮겨가기 시작했다. 그 새는 실제로 한 바위 위에 앉곤 했다. 많은 성도들이 그 바위를 독수리 바위라고 불렀는데, 그것은 유독 독수리 머리를 닮았기 때문이었다. 마치 그 길달리기새가 기도 모임을 사랑하여 기도의 집 건축 공사를 감독하는 듯 보였다.

어느 날, 그 새는 교회 건물 안으로 들어와 애초의 기도실 위에 있었다. 건물을 관리하는 제이슨(우리 사역 학교에서 특별히 예언적인 학생)이 넓은 2층 회의실에서 그 새를 발견했다. 제이슨은 경배 찬양을 틀고서 방 한가운데 바닥에 앉아 주님을 예배했다. 길달리기새는 바로 제이슨 앞에 왔는데, 예배를 함께하는 듯했다. 이따금씩 제이슨을 내버려 둔 채 밖으로 나가고 싶은 것처럼 창가로 향했지만, 이내 돌아와서 예배하는 제이슨 바로 앞에 섰다.

제이슨은 청소를 해야 하는데 예배에 너무 오랜 시간을 썼다는 생각에 불편해서, 음악을 끄고 아래층으로 내려가 청소를 시작했다. 길달리기새는 그를 따라갔다. 갑자기 긴 복도에서 누군가가 문을 열어서 새를 놀라게 했다. 그 새는 복도 끝까지 날아가더니, 판유리 창에 부딪혀 즉사했다.

이 새는 기도의 중요성을 알려 주는, 우리가 아끼는 마스코트처럼 됐다. 기도 모임을 좋아했고 교회의 가족으로서 하나님의 우리를 향한 약속이 더해진다는 예언적 상징을 가졌다. 이 새는 교회 식구들이 이미 많이 떠났고 여전히 떠나고 있으며, 재정도 극도로 긴축된 상황에 찾아왔다. 그 새의 입에 물려진 도마뱀은 하나님께서 이렇게 행하시는 가운데 필요한 모든 것을 친히 공급해 주심을 우리에게 보여 주었다. 독수리가 예언자를 상징하듯, 우리 교회 가운데 예언이 실질적으로 점점 강해지고 있는 것이 눈에 보였다.

제이슨은 나를 찾아와 이 끔찍한 소식을 전해 주었다. 나는 새를 어디에 두었는지 보여 달라고 했다. 우리가 가서 그 새를 죽음에서 일으킬 수 있도록 말이다. 목적 의식과 확신을 가지고 우리는 길달리기새가 누워 있는 뒤편으로 향했다. 하나님께서 이 새를 다시 살리고 싶어하실 것이라는 생각이 임했다. 왜 주님께서 살아 있는 예언의 메시지를 죽게 하시겠는가? 이상하게도 내가 새에게 2m 정도까지 접근하자, 기름 부으심이 떠나는 느낌이 들었다. 나는 당황스러웠다. 마치 하나님께서 '내 의지는 좋았으나, 적용과 시점이 좋지 않았다'고 말씀하시는 듯했다. 길달리기새는 부활하지 못했다. 우리는 너무나 슬펐다. 그 때 주님께서 말씀하셨다.

"내가 집에 가져다 주는 것에는 그 집에서 해방되는 방식이 있어야 한다. 아니면 그 집에서 죽을 것이다."

그 말씀은 우리가 간절히 필요로 했던 돈에 적용되었다. 또 우리가 부르짖던 성령의 선물, 우리 위에 자라가고 있던 구체적인 기름 부으심, 그리고 구원을 받는 사람들에게도 해당되었다. 그 말씀은 너무나 값지고 또렷한 것이었다. '우리는 내어주려고 하는 만큼만 지킬 수 있다.'

예언 이것은 내 인생 가운데 가장 중요한 영역 중 하나다. 너무나도 신실하신 하나님께서는 내 삶에 예언적인 사람들-대단히 청렴한 사람들-을 가장 적절한 때에 주셨다. 그 결과, 우리는 강력한 예언의 문화를 갖게 되었다. 예언적인 사람들 입장에서의 위험 부담을 격려하기 위해, 우리는 어떤 것이 하나님께로 말미암은 말씀인지를 분별할 책임이 듣는 이에게 있음을 강조했다.

구약에서는 하나님의 영이 선지자들에게만 임해서, 홀로 모든 책임을 떠안았다. 오늘날 주님의 영은 모든 성도들 가운데 있기 때문에, 이제 어떤 말씀이 하나님께로부터 온 것인지를 분별할 책임이 하나님의 사람들에게 주어졌다. 하나님께로부터 온 것이면, 하나님의 말씀에 주어진 명령을 따라 반응한다. 하나님께로부터 온 것이 아니면, 그것의 교훈을 배워 예언적 기술을 더 단련한다[5].

예언은 다른 사람을 통해 우리에게 임한다. 하나님의 음성을 듣는 데에 있어 이것은 매우 위험한 형태일 수 있지만, 또한 가장 극적이고 믿음을 키워 주는 형태일 수도 있다. 하나님께 출처가 있는 것으로 확정되면, 우리는 그에 따라 행동해야 한다.

크리스 밸러튼은 오래 전 어느 일요일 아침에 내게 예언했다. 우리 기도의 집을 짓는 데에 필요한 총액을 한 번의 헌금으로 주심으로써, 주님께서 나를 지지하신다는 것을 공개적으로 알려 주시리라는 것이었다. 이 날은 건축 계획을 처음으로 공개하고 건축 헌금을 받을 계획을 가진 날이었다. 자연계에서 보면, 커다란 액수의 헌금을 기대하기엔 최악의 타이밍이었다. 왜냐하면 대거 '출애굽'이 끝나는 시점, 즉 성도들의 수가 가장 적은 때였기 때문이다.

기도의 집을 짓는 데에 필요한 액수는 우리 교회로서는 한 번의 헌금으로 거두기에는 상상도 할 수 없는 것-심지어 성도들이 떠나기 전이라도-이었다. 예배가 끝날 때쯤, 헌금 계수를 마친 담당 회계사는 온 교회에 우리의 목표액을 8달러 이상 초과했다고 발표했다.

증언 구약에서 '증언'이란 단어는 "다시 하다"라는 의미의 어원에서 유래한다. 이것이 시사하는 바는, 우리가 하나님께서 하신 일을 고백할 때 그분의 놀라운 역사를 반복하고 싶어하신다는 사실이다. 신약에서 우리는 이 원리에 대한 확증을 발견한다. "예수의 증언은 예언의 영이라 하더라." 계 19:10 이 뜻은, 하나님께서 어떤 일을 한 번 행하셨으면 또 하실 수도 있다는 것이다. 예수께서 하신 일에 대한 기록은, 구두 상이든 기록된 것이든, 영계에 일어나는 사건에 변화를 일으킬 수 있는 예언적 기름 부으심을 갖는다. 그래서 동일한 기적이 또 일어날 수 있는 것이다. 실로 증언에는 주님의 실질적인 음성이 담겨 있을 때가 꽤 많다. 그것을 알아보는 법을 배우면 우리는 증언 가운데 풀어지는 주님의 영의 움직임과 함께 거하고 일할 수 있게 된다.

어느 일요일 아침, 나는 증언의 능력에 대해 가르치며 내 반족(Clubfeed)을 치유 받은 한 소년 이야기를 하고 있었다. 당시 어느 가족이 해외에서 방문을 했다.

그들에게는 두 살가량 된 딸이 있었는데, 발이 안쪽으로 너무 뒤틀려서 달리기를 하면 자신의 발에 걸려 넘어지곤 했다. 그 어머니는 간증을 듣고 마음속에 이렇게 생각했다. '우리 아이를 위해서 나도 저걸 받아야지.' 어린이 방에서 딸을 데려 가려고 안았을 때, 그 어머니는 딸의 발이 벌써 완벽하게 곧아진 것을 목격했다! 아무도 기도해 준 적은 없었다. 하나님께서는 간증을 통해 말씀하셨고, 이 여인은 들었으며 딸은 치유를 받았다.

감각 우리의 오감은 그저 삶을 즐기기 위한 수단이 아니다. 하나님을 더 잘 듣도록 해주는 도구인 것이다. 시편에서 우리는 기자가 정말 육체적으로 하나님 때문에 배고프다고 고백하는 것을 본다. 시 84:2 참조 히브리서 기자는 감각이 선악을 분별하기 위해 훈련되어야 한다고 선언한다. 히 5:14 참조 그 본문 가운데 이 능력은 현재 성숙의 표로 사용되었다. 감각을 사용해 하나님을 인지하는 능력 말이다.

어느 일요일 아침 예배 도중에 젊은 자매가 내게 다가와 앞에 섰다. 나는 성전 첫 번째 줄 통로 끝에 앉아 있었다.(예배당 앞은 중간에 갇혀 있는 것보다 훨씬 왕성한 표현으로 예배하려는 사람들로 가득 찬다) 사람들이 손을 들고 기쁨으로 춤을 추는 가운데, 이 자매는 손과 팔로 온갖 몸짓을 했다. 우리 모임 가운데에는 오컬트 주술(Occult)에 빠져 있는 사람들이 수없이 온다. 어떤 이들은 굶주림 때문에 오지만, 어떤 이들은 우리를 훼방하기 위해 온다. 별로 개의치는 않지만 항상 경계를 하고 있다.

나는 그 자매를 보고 당황하여 무슨 일인지 분별하고자 했다. 그런데 마치 내 분별력의 전원이 꺼진 것만 같았다. 그래도 서 있는 곳이 차가워지는 것을 느꼈다. 우리 형이 몇 년 전 사무실에 있다가 귀신을 마주하고선 아주 차가워진 상태로 몇 시간을 보낸 것이 기억났다. 그래서 나는 약 5m 떨어진 곳으로 걸어갔고 그랬더니 온도가 정상이 되었다.

우리 교회에서 예언 무용 사역을 하는 써머에게 가서 지금 무대에 가서 춤을 춰 달라고 부탁했다. 그리고 말했다. "지금 파해야 할 것이 있어요." 써머가 춤을 추자, 그 자매는 바로 내 앞으로 고꾸라졌다. 귀신의 능력으로 영감을 받았던 여인이 예언적 춤의 행위로 부서진 것이다. 육체로 순종할 때 영이 놓인다. 아내는 그 자매의 옆에 무릎을 꿇고 귀신으로부터 놓이도록 도와줬고, 또 그리스도께로 인도했다.

제4장 성령의 언어

다른 세상과의 연결

하나님의 음성을 들을 마음과 능력을 갖고 있으면 우리는 하늘의 자원으로 이 땅을 채울 수 있는 무제한의 잠재력을 갖게 된다. 주님의 세상과 연결될 필요가 있는 것은, 우리가 주 그리스도의 왕국이 되어가는 이 세상의 왕국들을 담대히 침투할 때다! 그것이 다음 장의 주제다.

* * *

1. 뉴에이지 운동이 그것을 조장하기 때문에 그 원천이 귀신일 거라는 가정으로 많은 저명한 작가들과 집회 강사들이 이 두려움의 불에 기름을 붓는다. 그러한 추론은 기껏해야 빈약한 것이라고 본다. 그런 사고의 흐름을 좇다 보면, 하나님께서 우리가 인생과 사역 가운데 성공할 수 있도록 주신 도구들을 모두 마귀에게 내어줄 것이다. 그렇게 하는 가운데 우리는 어둠의 능력을 하나님의 영 위에 두는 믿음을 키워갈 것이다.
2. 많은 부흥 운동가들이 이렇게 말을 한다. "이것이 하나님의 역사인 것은 알겠지만, 우리에겐 해당이 안 됩니다." 믿는 자들이 하나님께서 자신들 가운데 계심을 인정하면서 더 주시라고 부르짖는 반응을 보이지 말라고 한다는 것은 정말 충격적이다.
3. 어느 때고 하나님께서 행하시거나 말씀하시기를 기다리는 것을 의미하고자 이 표현을 쓴다.
4. 캘 피어스- 현재는 스포케인 치유의 집에서
5. 크리스 밸러튼의 예언 사역 매뉴얼 〈전쟁으로의 부르심〉에는 이 주제에 대한 실질적 지침들이 많다.

PART 5

바벨론 침략

이 침략이 효과적으로 이뤄지기 위해서는, 우리가 잘못 이해하고 있는 부분들을 고쳐나가야 한다. 그렇게 하는 과정에서 그만큼 중요한 것이, 필요한 왕국의 원리들을 적절한 순서에 따라 확립하는 것이다.

"나라가 임하시오며 뜻이 하늘에서 이루어진 것 같이 땅에서도 이루어지이다."
마 6:10

그분께서 오시기까지 '점령하도록' 명 받았다. **눅 19:13**

CHAPTER **05**

일터에서 기능하지 못하는 복음은
효력이 없다

우리는 이 지구에 대한 권세를 부여 받았다. 창세기에서 보듯, 하나님께서 최초로 인류에게 주신 위임 가운데 주어진 것이다. 창 1:28-29 참조 그리고 예수께서 부활 이후에 우리에게 회복시켜 주셨다. 마 28:18 참조 하지만 왕국의 권세는 많은 신자들이 보통 이해하고 있는 것과 다르다. 사람들을 고통과 질병으로부터 자유롭게 놓아 주고, 어둠의 역사를 파괴시킬 수 있는 권세다. 창조적 표현을 통해 하늘의 자원을 가지고 내려와 인간의 필요를 채워 주는 권세다. 하늘을 땅으로 가져 내려오는 권세인 것이다. 섬김의 권세 말이다.

대부분의 왕국의 원리들이 그렇지만, 인류의 주권과 권세에 대한 진리들은 다른 이들을 통치하고자 욕망하는 이들의 손에 있을 때 위험하다. 이러한 개념들은 일부의 이기심을 정당화하는 듯하다. 하지만 겸손한 종을 통해 이러한 진리들이 표현될 때, 세상은 마음 중심까지 동요될 것이다. 세상에 대한 종이 되는 것은 일반적으로 닫혀 있거나 금지된 것으로 인식되는 문들을 여는 열쇠다.

종들이나 왕들에 대한 우리의 이해는 둘 다 우리가 사는 세상에서 더러워진 것들이기 때문에-어쩌면 복구 불가능한 수준으로-이 도전을 마주하는 데에 그다지 도움이 안 된다. 그래서 예수께서 등장하신 것이다. 주님께서는 만왕의 왕이지만 모든 이들의 종이시다. 하나님의 아들 안에 발견되는 이 독특한 결합이 지금 우리 가운데 주시는 부르심이다.

보통 진리는 두 상충되는 실재 사이의 긴장 가운데 발견되기 때문에, 우리에겐 해결해야 할 문제가 있다. 우리 주님처럼 우리도 왕이며 종이다. 계 1:5, 막 10:45 참조 솔로몬은 잠재적 문제에 대한 경고를 한 적이 있다. "세상을 진동시키며 세상이 견딜 수 없게 하는 것 서넛이 있나니 곧 종이 임금된 것과." 잠 30:21-22 하지만 예수께서는 솔로몬이 한 경고를 무효화시키지 않으면서 반대되는 말씀을 하셨다. 둘 다 가능할 수 있다는 뜻이다. 예수께서는 왕의 마음으로 섬기셨고, 종의 마음으로 다스리셨다. 이것은 역사를 이뤄나가기를 갈구하는 모든 이들이 포용해야 할 본질적 결합이다.

왕족이라는 것이 나의 정체성이다. 종이라는 것은 내가 맡은 직무다. 하나님과의 친밀함이 내 생명의 근원이다. 그러니 하나님 앞에서 나는 절친이다. 사람들 앞에서 나는 종이다. 지옥의 권세 앞에 나는 통치자로서, 그들의 영향력을 결코 봐주지 않는다. 지혜는 어떤 때에 어떤 역할을 감당해야 하는지를 안다.

영향력의 산들을 침략하라

왕 되신 주님과 그 왕국의 영향 아래 들어와야 할 사회의 7가지 영역이 있다. 그 일이 실현되기 위해서는, 왕국의 시민인 우리가 침략을 해야 한다. 주님의 세상에 있는 명령과 축복을 이 세상에 가져옴으로써 섬기고자 나아가는 하나님의 백성들에게는 항상 주 예수의 권세가 임한다.

많은 성도들이 리더십의 위치를 획득하려고 애를 쓰는데, 이것은 본말이 전도된 행위다. 종이 되는 것이 우리의 강력한 소원으로 남아 있어야 하며, 섬김을 통해 우리는 주님의 세상에 있는 유익들을 가져다가 사람들에게 전해 줄 수 있게 되는 것이다.

하나님의 왕국은 누룩에 비유되었다. 마 13:33 참조 누룩이 '녹아 든' 빵 반죽에 효력을 내듯이, 우리도 이 세상의 모든 왕국 가운데 녹아 들어 변혁을 일으켜야 한다. 거기서부터 우리는 주님의 주권과 통치를 나타내야 한다. 하나님의 백성들이 사회의 각 영역들로 들어가 하나님 왕국의 혜택과 가치들을 나타내 보일 때, 그분의 정부는 확장될 것이다.

이 침략이 효과적으로 이뤄지기 위해서는, 우리가 잘못 이해하고 있는 부분들을 고쳐나가야 한다. 그렇게 하는 과정에서 그만큼 중요한 것이, 필요한 왕국의 원리들을 적절한 순서에 따라 확립하는 것이다.

신자에게 있어 세속적 고용이라는 것은 있을 수 없다. 거듭난 사람이라면 우리에 대한 모든 것은 하나님의 왕국을 위한 목적으로 구속된 것이다. 모두 영적인 것이다. 정당하게 왕국을 나타내는 것이 아니면 아예 관여를 안 해야 한다.

모든 신자들은 전임 사역자다. 그 중 몇 명만 예배당에서 강대상을 차지할 뿐이다. 나머지는 자신의 전문 및 세상의 애호 분야 가운데 설교자가 되는 것이다. 오직 복음만을 전할 수 있도록 주의하라. 그리고 필요할 때는 말로 하라!

하나님의 부르심은 중요한 것인데, 거기에 달린(혹은 달리지 않은) 타이틀 때문이 아니다. 그 가치는 우리를 부르신 그분께로 말미암는다. 사업 가운데 주어진 업무도 하나님의 왕국 안에서 전도자로 부르신 것만큼이나 가치 있는 것이다. 가정 주부이자 어머니라는 특권은 선교사만큼이나 중요한 것이다. 우리를 부르신 주님께 합당한 신실함과 감사로 우리의 소명을 받아들이자.

영원한 상급이 임하는 것은 우리가 드린 액수가 얼마이며, 몇 명의 영혼을 구원했으며 몇 명의 노숙자를 먹여 살렸는지와 무관하다. 우리가 받을 상급은 모두, 하나님께서 주신 것, 그리고 우리가 변화되도록 또한 행동하도록 부르신 소명에 얼마나 신실했는지에 따라 정해진다. 우리가 서로 표현하는 존중은 분명히 영적인 직업을 가진 이들에게 국한되어선 안 된다. 그것이 어떤 것이든 자신의 소명 가운데 신실한 모든 이들을 존중해야만 한다.

예언 사역은 세상의 죄악에만 초점을 둘 것이 아니다. 사람들의 삶 가운데서 얼룩을 찾아내는 데엔 그다지 분별력이 필요하지 않다. 가장 순결한 형태의 예언 사역은 사람들에게서 황금을 찾아 표면으로 끌어내어 주는 것이다. 이렇게 접근할 때 세상은 교회에 대한 태도를 바꾸게 되며, 우리는 단순히 모든 악에 대적할 뿐만 아니라 사회에 기여할 수 있게 된다.

은밀한 사역 vs 공공연한 사역

우리 교회와 사역 학교는 드러나는 사역으로 많이 알려져 있다. 외향적이고 과감하다는 것이다. 우리는 수백 명이 공공연히 치유되고 해방되는 것을 보았다. 심지어 우리는 동네 마트의 인터폰에 대해서도 지식[1]의 말씀을 받았다. 결과는 놀라웠다. 사람들이 10번 계산대에 모여듦으로 반응했다. 그리고 채드라는 이름의 한 청년을 통해 예수의 치유를 체험했다. 자비의 하나님께서 능력을 보이시는 것을 따라, 그리스도께 인생을 헌신하도록 사람들을 초청했고 많은 이들이 그리 했다.

공공연한 사역은 우리에게 매우 일반적인 것이다. 쇼핑몰에서든 동네에서든, 학교에서든 사업장에서든, 필요한 사람들에게 복음을 전달한다. 하지만 이것은 세상에 필요한 사역의 등식의 절반일 뿐이다. 나머지 절반은 비밀리에 진행되는 은밀한 사역이다. 여기서 은밀하다는 것은 '피난처'를 의미한다. 본질상 좀더 민감한 사역들을 가리키는 것이다. 이것은 겁이 많아서 숨긴다는 것이 아니라 지혜로 행한다는 의미다. 사고와 신념, 훈육, 관계의 경계 등에 대한 적절한 기준을 재확립함으로써 변화를 일으키는 것이 이 세상 체제 내에선 가능하다. 다시 말해, 문화를 변화시키기 위해 일하는 것이다.

여기에는 더 많은 시간이 요구되는 것은 목표가 구체적으로 치유나 회심이 아니기 때문이다. 섬기기 위해 도시의 체제를 침략하여 사회 자체를 변혁시키는 것이 목표다. 우리의 유익을 위해서가 아니라 타인을 위한다는 것이 열쇠다. 누군가 이런 말을 했다. "우리는 세상 **안에서** 최선을 다해선 안 된다. 세상을 **위해서** 최선을 다해야 한다." 다른 이들의 성공을 위해 종교적 안건을 제쳐둘 때, 우리는 하나님의 왕국의 사고 체계를 가지고 변혁 운동에 동참하게 된다.

종교적 안건들을 내버리라

교회는 때로 섬기려는 의지를 인정 받기도 하지만, 많은 경우에 선의의 영적 안건들을 최종 목적으로 나타낸다. 가히 신성 모독이라고 할 수 있겠지만, 사람들의 구원 자체를 위해서 섬김을 베푼다는 것은 종교적인 안건이다. 우리 신자들에게는 순수하고 고귀한 것처럼 보일지 모르지만, 세상 사람들에게는 뜻대로 조종하려는 것처럼 보인다. 불순한 섬김이라는 것이다. 세상은 멀리 떨어져서도 그 냄새를 맡을 것이다. 그들의 담당 구역으로 들어가 섬긴다면서 우리가 그러한 이유를 댄다면, 사람들을 경계 태세로 만들 것이다. 하지만 예컨대, 동네 학교에서 자원 봉사를 하여 학교장의 성공을 돕는다면, 교회가 거의 방문하지 않는 그 경계선을 넘은 것이다. 다른 이의 유익을 위해 섬기는 것이기 때문이다. 세상에서는 그러한 형태의 종을 환영한다. 전에는 불가능하다고 생각했던 방식으로 학교에 영향력을 끼치게 될 수 있다는 것이 그에 따른 놀라운 보너스다. 사람들에게 그리스도를 전한다든지 말이다.

학부모가 교사의 성공을 돕기 위해 학교에서 봉사를 한다면 어떤 일이 벌어질까? 일반적으로 교사들은 아이들의 인생에 성공이 있기를 진심으로 바란다. 그들은 다음 세대를 위해 자신을 투자하는 사람들이다. 그러한 헌신에 대해 존경을 받아야 마땅하다. 그러니 우리가 그들의 성공을 도울 수 있는 것이다.

미국의 지방 교육청들은 그리스도인들이 지역 학교 이사회에 자리를 얻고자 하는 모습에 익숙하다. 때로는 부모들이 다른 학부모와 힘을 합쳐 교장을 협박하여, 무신론자인 교사를 해고하라고 하고 특정 교과과정을 변경시키라고도 한다. 하지만 우리가 이 세상의 시스템을 실제로 침략하면 어떻게 될까? 보기에 추방이 마땅하다고 생각되는 사람에게 불명예를 안겨 주는 대신, 그에게 마땅한 존중을 표함으로써 말이다.

'후자는 은혜를 통한 변혁을 일으킨다.' 전자는 거절에 대한 예언을 스스로 성취하는 것이다. 왜냐하면 세상은 통제권을 가지고자 덤벼드는 외부 무리(우리들)로부터 자신들이 맡은 것들을 보호하려는 것 외엔 다른 선택권이 거의 없기 때문이다. 그리스도인들은 정치적 조작을 통해 학교를 장악하고자 하는 것으로 악명이 높다[2]. 때때로 이런 방법이 통할지도 모르지만, 하나님 왕국의 방식은 아니다. 그리고 오래 지속될 수도 없다. 분명 더 나은 방법이 존재한다.

흥미로운 점은, 이러한 두 가지 서로 다른 접근법에서도 성령의 충만을 볼 수 있다는 것이다. 2장에 나누었듯, 성령 충만은 신자들로 하여금 지혜 가운데 행하고 사회의 필요에 따라 실질적인 기여를 하며, 십자가의 공급-초자연적 표현을 통한 해법-을 통해 인생의 불가능한 것들을 마주하게 한다. 어쩌면 이 두 가지가 합력하여 역사하는 것이 균형 잡힌 그리스도인의 삶이라고 봐야 할 것이다.

사회의 생각을 만드는 7가지

CCC의 창립자 빌 브라이트 박사와 YWAM의 창립자 로렌 커닝햄은 거의 비슷한 시기에 동일한 계시를 받았다. 살아가고 생각하는 방식을 형성하는 7가지 주요 영향력의 영역이 이 사회에 있다는 것이다. 하나님의 왕국에 사로잡힌 이들이 이러한 영향력의 산들을 침략해야 사회의 변혁이 일어나는 것이다. 이 산들은 다음과 같다.

- 가정
- 교회
- 교육
- **언론**(전자 및 출판)
- 정부 & 정치

- **공연 예술**(연예 및 스포츠 포함)
- **상업**(과학 및 기술 포함)

중대한 청소년 사역을 이끈 두 사람에게 이러한 통찰력을 주셨다는 사실에 주목해야겠다. 하나님께서는 분명 온 세대가 부르심에 대한 가치를 알기 원하신다. 그 이름이 무엇이든지, 해당 문화의 완전하고 전적인 변혁을 위해 침략하는 법을 가르쳐야 하는 것이다. 하나님께서는 "이 세상의 왕국들이 변하여 우리 주님의 왕국이 되리라" 계 11:15는 말씀의 성취를 보고자 하신다.

아래 목록은 본래의 것과 조금 다르다. 개선된 것은 아니지만, 이 원칙들을 우리가 어떻게 적용하는지를 좀더 정확하게 나타내기 위해 강조점을 약간 달리 했다. 바로 사업, 교육, 교회, 가정, 예술·연예, 과학과 의료, 그리고 정부다.(중요도에 따른 순서는 아니다)

이 침략 가운데 효력을 나타내기 위한 필수적 요소는 지혜다. 다시 말하자면, 우리는 지혜를 이 세 가지 단어로 정의했다. 청렴, 창조성, 탁월. 지혜는 하나님의 생각을 표현하는 것으로, 항상 인생에 대한 창조적인 해법을 가져다 주는 청렴의 맥락 안에 있으면서 탁월이라는 기준을 준수한다. 이것들은 하나님을 경외하고 인류의 문제들을 해결하는 방식으로, 하나님의 왕국을 나타내는 데에 결정적인 역할을 한다.

사업

많은 그리스도인들이 사업장에서 호의와 지위를 얻기 위해 노력했지만 끔찍한 결과를 맛보았다. 그 세계에서 번영하지 않고 호의를 얻기란 어려운 일이다. 그 분야에서 번영은 성공의 제1척도다. 이것을 염두에 둘 때, 세상은 재정적으로는 엄청난 성공을 맞았지만 다른 모든 면에서 재앙을 부른 이야기들로 가득하다. 사람들은 본능적으로 둘 다 원한다. 외면과 내면의 성공을 말이다. 하나님의 왕국을 따른 사업가는 돈에만 집중하지 않음으로써 성공에 대한 좀 더 온전한 그림을 보일 기회가 있다. 가능한 모든 측면에서 삶을 즐기는 모습은 틀에 박힌 일상 가운데 '돈이 성공'이라는 생각으로 살아가는 무기력한 이들의 이목을 끌 수 있다.

비밀리에 진행되는 사역을 위한 여지가 삶의 모든 부분에 있지만, 일반적으로 믿음이 없는 사업가로부터의 호의를 지키기에 중요한 것은 공공연히 복음 전파를 하는 것이 아니다. 인생에 대한 전반적인 접근-자신에게, 가족에게, 사업에 대해, 사회에 대해-에 있어 거룩한 질서가 중요한 것이다.

돈이 참된 성공의 척도가 아니라는 사실은 세상도 안다. 사업을 하는 대부분의 사람들은 자신들의 노동에 대한 임금보다 훨씬 많은 것을 원한다. 참으로 번영하는 인생의 중요한 부분들은 기쁨이나 행복한 가정 생활, 인정, 의미 있는 친구 관계처럼 단순한 것들이다. 주님께 사랑 받은 요한은 이것을 "영혼이 잘 되는 것"이라고 표현했다. 요삼 2 참조 이 탐구에 배어 있는 것은 의미에 대한 부르짖음이다.

하나님의 왕국을 따르는 사업가는 삶에 대한 접근을 통해 이러한 요소를 예증해야 한다. 세계 구호에 대한 남다른 노력이라든지 도시 내의 어려운 사람들을 돕는 일에 대한 참여, 기부와 희생을 요구하는 다른 일들은 하나님의 왕국을 따르는 사업가들에게 주어진 하나님의 호의의 정의를 깨닫게 할 수 있다.

내 주변의 한 사람은 믿는 이들이 소유한 동네 중고차 매장에서 차를 팔았다. 그는 차를 사기 위해 매장에 들어 오는 한 여인의 얼굴에 근심이 가득한 것을 보았다. 성령의 인도를 따라, 그는 꽤 심도 있는 사역을 펼칠 수 있었다. 그 여인은 하나님께 마음을 열었고, 심령 가운데 대단한 치유를 얻었다. 차량 계약이 끝나자 그는 말했다. "저에게 마음을 열어 주셨으니까, 차는 제가 안 팔게요. 불공평한 일이 될 테니까요. 대신에 찾으시는 차를 만날 수 있도록 도와줄 다른 영업사원을 제가 소개해 드릴게요." 그 여인이 자신에 대하여 감정적으로 연약해진 상태였기 때문에, 그녀에게 차를 파는 식으로 이용하고 싶지는 않았던 것이다.

크리스 밸러튼은 자동차 정비소와 부품 판매점 여럿을 소유했던 적이 있다. 한 번은 어떤 사람이 자신의 가게에서 타이어와 외륜 몇 개를 훔쳤다. 하지만 크리스가 자신이 도둑임을 알고 있음을 모르고 그는 자신의 차를 크리스의 정비소에 맡겼다. 그가 차를 찾으러 왔을 때, 크리스는 그를 사무실로 데려가 말했다. "저는 아저씨가 제 타이어와 외륜을 훔쳐간 걸 압니다. 그리고 용서한다는 뜻으로 이번에 정비한 비용은 받지 않겠습니다." 그는 차로 돌아가 아무것도 하지 못한 채 5분가량을 가만 앉아 허공만 보고 있었다.(때때로 결코 잊지 못할 복음 소책자를 받아가는 이들이 있다. 이 사람은 '완전 지불' 된 것을 받게 된 것이다)

그리고 또 어떤 직원이 동료를 골탕 먹이려 했던 우스운 이야기가 있다. 그는 상사에게 말했다. "저 친구, 사무실을 지나갈 때마다 창가만 보고 있어요. 해고하셔야 되지 않겠습니까?" 상사는 이렇게 대답했다. "그냥 둬요! 언젠가 나한테 이야기한 아이디어 하나로 우리가 30만 달러를 벌었어요. 창가만 보고 있다가 나온 생각 아니겠어요?"

창조성은 하나님의 왕국을 따르는 사업가에게 필요한 성분이다. 주어진 임무 가운데 모험을 핵심되는 부분으로 유지시키는 신선한 아이디어들을 가져다 주기 때문이다. 익살맞은 발명품들이 기독교계에서 늘어날 것이다. 왜냐하면 하나님께서는 지혜를 그런 식으로 표출하게 해 하나님 왕국의 목적을 위해 부를 이동시키시기 때문이다.

"네가 자기의 일에 능숙한 사람을 보았느냐? 이러한 사람은 왕 앞에 설 것이요, 천한 자 앞에 서지 아니하리라." 잠 22:29 이 구절은 두 가지를 말씀하고 있다. 하나는 탁월을 추구하는 삶의 결과다. 그러한 사람들은 영향을 미치는 사람들에게 영향을 미치는 사람이 될 것이다. 둘째로 왕들은 탁월을 요구한다. 많은 이들이 이 부분에서 타협을 하고 불로소득을 기대하지만, '탁월함'이 있어야 장기적인 부를 얻을 수 있다. 그것이 슬픔 없는 부요다. 잠 10:22 참조 탁월은 하나님 왕국의 가치인데, 완벽주의와는 구별되어야 한다. 모조품인 완벽주의는 종교적 영으로 말미암은 것이다. 승진에 이르는 가장 분명한 길은 탁월을 통하는 것이다.

교육

많은 경우, 교회는 세상의 체제적 남용에 반응하여 우리가 거절했던 것과 동일한 위험성을 갖는 오류 있는 작품을 만들어낸다. 이것이 가장 뚜렷하게 나타나는 곳이 교육 분야다. 서구적 사고에서는 진리를 측량할 수 있는 유일하고 적당한 것이 이성이라고 판단하는데, 이것은 복음을 저해시켜 왔다. 바울 사도가 고린도 전서에서 맞서 싸운 이 세계관을 오늘날 우리의 교육 문화가 수용했다. 이것은 성질상 반

그리스도적이다. 그러니 초자연적인 것은 무지한 사람들의 평가에 맡겨지게 된다. 하지만 이 문제에 대한 해법은 교육을 거부하는 것이 아니다. 오히려 침략하는 것이다. 우리가 보존해야 될 자리를 거부하면, 이 땅의 소금마 5:13 되기를 거절하는 것이다.

하나님께서는 누구와도 변론할 준비가 되어 있으시다. 사 1:18 참조 주님께서는 그분께서 이해하고 주장하시는 바에 대해 아주 확실하시다. 또한 아무리 조사해도 끄떡 없을 증거들로 그분의 통찰들을 뒷받침하신다. 교육 제도를 침략하는 것은 필수적인 일인데, 어린 세대의 이성과 기대를 크게 형성하는 산이기 때문이다. 오늘날은 연예인들이 청소년들의 생각을 형성하는 데에 더 큰 역할을 한다고 주장하는 이들도 있겠지만, 일반적으로 연예인들의 사고 방식을 만든 것은 교육가들이다.

우리 청소년들은 평생을 이 땅 가운데서 살아갈 수 있을 것임을 믿고 그에 따라 계획해야 한다. 교육을 받고 결혼을 하고, 자녀를 낳고 해야 하는데, 그 모든 것이 왕국적 사고 방식으로 이뤄져야 한다. 성령을 체험한 너무나 많은 세대가 '주님의 일'을 하겠다는 이유로 훈련과 교육에 대한 자신의 갈망을 상실했다. 고귀하게 들릴지 모르겠지만, 우리를 언제라도 이 땅에서 취하실 수 있다는 생각에 영향을 받아, 진짜 사역에 대해 오해를 하게 된 것이다. 이는 민감한 주제다. 왜냐하면 사실 언제든 주님을 맞을 준비가 되어 있어야 하기 때문이다. 하지만 교회가 다시금 어떤 직업도 성도에게는 세속적이지 않다는 가치관을 확립할 때, 이전 세대들에게서 가치 없다고 여겨졌던 사회의 여러 직무들에 대한 자존감이 회복될 것이다. 하늘을 향한 갈망은 옳고 건강한 것이다. 하지만 이것이 우리의 대위임을 대체하도록 해선 안 된다. "나라가 임하시오며 뜻이 하늘에서 이루어진 것 같이 땅에서도 이루어지이다."마 6:10 우리는 주님의 재림을 위해 구름을 바라보고 있도록 위임 받지 않았다.행 1:11 참조 그분께서 오시기까지 '점령하도록' 명 받았다.눅 19:13 점령한다는 것은 군대 용어다. 하나님 왕국의 가치관에 따르면, 점령은 항상 전진을 목적으로 한다.

우리 아이들은 교육을 받아야 하고, 교육자가 되어야 한다. 하지만 그 목표는 하나님의 왕국을 따르는 사고 방식이 없이는 불완전하다. 우리는 아이들을 훈련할 목적으로 위험한 영토에 내보내는 것이다. 신중하게 학교를 선택하라. 모든 교사들은 위임 받은 권세로 여러분의 자녀를 훈련시킨다. 여러분이 그 권세를 위임한 것이다.

성경은 자녀 훈련의 권세를 정부에게 주지 않는다. 그들의 의도가 아무리 숭고한 것이라 해도 말이다. 그 권세는 여러분의 어깨 위에 있다. 그러니 기도하고 기도하고 기도하라. 그리고선 교육하고 교육하고 교육하라.

우리는 열 명 중 한 명이 식중독으로 죽어나가는 식당에 아이들을 결코 보내지 않을 것이다. 하지만 교육 체제 내에서는 매일처럼 그런 일을 한다. 그리고 그 경우의 수는 10%를 훨씬 넘는다. 종종 우리는 아이들을 무방비 상태로 내보낸다. 신앙을 저해시키고 궁극적으로는 하나님과의 관계를 쇠퇴시키기 위해 역사하는 시스템 속으로 말이다. 해답은 사회에서 빠져 나와 가정을 유지하기 위해 산으로 들어가는 것이 아니다. 반대로 훈련시켜서 침략하는 것이다. 우리의 훈련은 그들의 훈련보다 우월하다. 진짜인 경우에 말이다. 왜냐하면 하나님과의 인격적 관계에 의해 추진되며, 변화를 일으키는 하나님과의 만남이 포함되어 있기 때문이다.

여러분이 이미 교육 제도에 몸 담고 있다면, 브라보다! 하나님의 왕국적인 마음 가짐으로 침략하라. 그러한 사고는 풍랑과 충돌 속에서 안전하게 견디는 데에 필요한 지주가 되어줄 것이다. 또한 열등한 '헬라식' 사고 방식으로 생겨난 딜레마들에 대한 해답을 제시할 수 있는 위치로 이끌어줄 것이다. 대부분의 나쁜 생각들(나쁜 신학 포함)은 단 한 번의 거룩한 체험이 없어서 망각되고 만다. 우리는 사람들에게 하나님에 대한 체험을 빚지고 있다. 그리고 우리가 그것을 영향력의 산속으로 가져다 줘야 하는 것이다.

우리 문화 가운데 대부분의 사람들은 부지 중에 어둠의 왕국의 영향을 받으며 산다. 허나 그들은 하나님의 왕국과 신자들이 해답을 가지고 있는 문제 때문에 고통 받는다. 그들의 필요를 채워 줄 수 있는 다른 세계로부터 해답을 가져다 줄 수 있도록 우리에게 지혜와 능력이 주어진 것이다.

우리 베델 교회는 '방과후 프로그램을 맡아 달라'는 학교들의 대기 목록을 갖고 있다. 왜 그럴까? 취하기 위해서가 아니라 섬기기 위해 공존해 왔기 때문이다. 우리 팀에 주어진 자유라는 것은(현재 일주일에 일곱 학교) 실로 엄청난 것이다. 우리가 하고 있는 일이 불가능하다고 생각하는 이들도 많다. 그리고 교회가 교육 제도와 적대 관계를 유지하는 한, 이 일은 불가능할 것이다.

하나님의 백성이 전진하여 섬길 때 하나님께서 능력으로 뒤를 봐주시는 모습을 성경 전체에서 볼 수 있다. 학교들이 우리의 도움을 요청하고 있는 것이다. 이들은 30년 동안 들어본 적이 없는 문제들을 매일처럼 마주하고 있다. 우리가 침략하여 섬기고, 주님의 영광으로 빛을 발할 시간이다!

도덕적 가치들은 청렴의 근간이다. 그리고 도덕적 가치의 뿌리는 하나님의 성품에 있다. 초자연적 교육자들은 다른 이들과 달리 안정성의 영역에 접근할 수 있는 권한이 있다. 물론 청렴하려면 신자가 되어야 한다는 뜻이 아니다. 많은 불신자들 가운데에도 청렴한 이들이 있다. 하지만 성품의 영역에 있어 주어지는 초자연적인 요소들은 부활하신 그리스도의 영이 내주하는 이들에게만 있다.

청소년들에게는 청렴한 교육자들, 또 자신들을 믿어줄 사람들이 필요하다. 청소년의 내면에 있는 보물을 끄집어내 준다면 영원한 인상을 남길 것이다. 때때로 이러한 교육자들은 다른 사람이 추수할 씨를 뿌리게 되는 것인데, 그것이 하나님의 왕국의 기쁨이다. 어떤 말씀도 헛되이 되돌아가지 않는다. 고전 3:5-9, 사 55:11 참조

우리 교회에는 교육자 팀이 있어서, 많은 아이들이 갖고 있는 학습 장애들을 왕국의 원리들로 물리치는 방법들을 활용한다. 이렇게 창조적인 표현은 하나님의 영감으로 주어진 것이다. 하나님의 왕국의 신비에 합법적으로 접근할 수 있으며 삶 가운데 도움이 절실히 필요한 이들에게 이 비밀들을 전해 줘야 할 책임이 있다는 것을 이들이 깨달았기 때문이다. 이것은 그들의 영향력이 미치는 범위 안에서 모든 생명을 터치한다. 우리가 대면하는 모든 문제들에 대한 해답이 있다.

우리가 현재 아는 것보다 훨씬 월등한 사람들을 훈련할 수 있는 방법이 있다. 하나님의 왕국을 중심으로 살아가는

사람들, 스스로 그리스도 안에 있음을 아는 사람들은 자기 주변에 있는 모든 이들의 유익을 위하여 그 비밀 가운데로 나아갈 것이다.

탁월은 학생들에게 좋은 성적을 받으라고 권고하는 것보다 훨씬 높은 가치다. 하나님께서 주신 은사로서, 자연계와 영계의 실재 가운데 주어진 모든 자원을 충분히 활용하는 것이다. 어떤 이들은 팔방미인인 것 같은데, 어떤 이들은 은사와 재능을 부어 주신 날에 존재하지 않았던 것 같다. 실제로 하나님께서 탁월할 수 있도록 부어 주신 은사가 각 사람에게 있고 그 영역을 발견하는 것이 지혜로운 교육자다. 탁월한 교사는 스스로 탁월을 찾지 못하는 사람에게서 그것을 발견해 주는 사람이다.

연예

연예에는 예술, 전문 스포츠와 언론이 포함된다.

연예계가 지금처럼 성도들이 들어가서는 안 될 정도로 거룩하지 않은 세계로 여겨진 지는 오래되지 않았다. 교회는 어둠이 빛보다 강하다는 생각에 빠져버렸다. 연예는 침략해야만 하는 영향력의 산이다. 이 영역이 '부정하다'고 하는 비난은 정확한 것이었지만, 안타깝게도 그것 역시 자기 성취를 이루는 예언이다. 우리가 침략하지 않는 곳은 더욱 어두워지게 되어 있다. 우리는 "세상의 빛"마 5:14이기 때문이다. 우리가 침략하지 못하는 사회 각 영역들은 철저히 어둠 가운데 방황하고 있다. 침략은 빛의 책임이다.

연예계는 계발을 최고의 목표로 삼아야 한다. 연예가 곡해될 때는 훔치고 노략질하게 된다. 하지만 최우선의 기능은 창조하는 것이다. 레크리에이션이 여기서 나오는 것이다. 레크리에이션(re-creation)은 곧 재창조다! 연예계는 창조적이어야 할 뿐만 아니라 창조를 해야 한다.

우리가 원하는 것은 하늘이다. 모든 창조적 꿈은 하늘에서 성취된다. 기쁜 소식은, 믿음의 기도를 통해 그 영역으로 나아갈 수 있다는 것이다. 예컨대, 하늘에는 땅이 들어보지 못한 소리가 있다. 음악인들이 그 실재 가운데로 들어가 그 소리를 이 땅에 전달하면, 하늘도 같은 뜻을 가지고 침략해 올 것이다. 모든 예술의 근원은 하나님의 성품에 있다. 좀더 구체적으로 말하자면, 하나님의 거룩하심에 그 시초가 있는 것이다. 성경은 말씀한다. "거룩하신 아름다움 가운데."시 29:2 거룩하다는 개념이 하나님의 백성들로부터 그처럼 별볼일 없는 대접을 받고 있다는 것은 비극이다. 그것은 하나님의 본성, 즉 인격이다. 아름다움이 그 성품으로부터 쏟아져 내리는 것이다.대하 20:21 참조

내 청소년기에는 이 영향력의 산 가운데 있는 그리스도인

들이 거의 없었다. 나는 야구를 사랑했는데, 내가 알기로 야구계 전체에 그리스도인이라곤 두 명뿐이었다. 물론 더 있었겠지만, 그만큼 흔하지 않았다는 게 중요하다. 오늘날은 진실된 신자들이 꽤 많이 있는 팀들도 많다. 예술계에도 마찬가지다. 어떤 분야에도 신자들의 영향력이 닿지 않은 곳이 없다. 하나님께서는 이렇게 전략적 영향력을 발휘할 수 있는 자리에 그분의 마지막 때 군사들을 심고 계신다.

멜 깁슨의 영화 〈패션 오브 크라이스트〉는 이 산 가운데 일어나고 있는 일들을 뒤집어 놓은 증거였다. 이 영역의 문들이 활짝 열려 있는데, 창조성은 사상 최저치를 보이고 있다. 부도덕, 질투, 증오, 복수심이 진정한 창조성을 헛되이 대체하고 있다.

이 산에는 청렴의 영역이 진공 상태로 있는데, 왕국을 믿는 모든 참된 신자들은 재빨리 저항해야 할 것이다. 그렇지만 우리는, 세상의 기준에 속하라는 신자들에 대한 압박을 태연히 바라봐선 안 된다. 어떤 이들에게 걸림돌이 되는 것이 많은 이들에겐 예술의 형태를 띠게 되었다. 사람들은 다른 이들을 도덕적으로 타락시킴으로써 자신들의 부도덕한 생활 방식에 대한 합리화를 하게 된다. 그러나 참된 기초가 있는 사람들에게는 하늘이 한계이다. 위기에 처한 사람들은 항상 안정감 있는 사람들에게로 향한다. 청렴은 실망과 수

치의 땅에서 방황하는 이들에게 횃불이 된다.

이 영향력의 산에서 창조성이 가장 도전이 되는 부분일 것처럼 보이기도 한다. 하지만 사실은 그 반대다. 작가나 디자이너 같은 사람들은 관능으로 창조성을 대체시켰다. 그래서 진정한 독창력이라는 영역에 큰 공백을 남겼다. 쓰레기를 복제하고 싶은 압박을 벗어나고자 한 사람은 자동적으로 창조할 수 있는 자리에 서게 된다. "성령으로 기도하는 방법과 주님의 임재에 젖어드는 법을 배우면 이 산을 침략하고자 하는 이들에게 큰 유익이 될 것이다. 하늘에는 우리가 찾는 것들이 있다." 그리고 그것을 얻기 위해서는 하늘로 향해야 할 것이다. 아직 역사상 최고의 소설이나 연극은 만들어지지 않았다. 인간의 귀에 은혜가 될, 최고로 아름다운 멜로디는 아직 발견되지 않았다. 하나님께 귀를 향하고 '천상의 처소에 앉아 있는' 체험을 하는 이들은 다른 어떤 세대도 보지 못했던 것들을 취할 수 있게 될 것이다.

많은 이들이 마귀가 모든 좋은 음악을 소유하고 있다는 그릇된 생각을 했다. 마귀는 창조적이지 않다. 비극적인 것은, 사탄이 너무나 많은 것에 대한 공로를 받아가고 있다는 것이다. 심지어 교회로부터도 그렇다. 어떻게 신앙 없는 사람이 아름다운 음악을 작곡하고 훌륭한 영화 시나리오를 쓸 수 있겠는가? 어떻게 걸작 그림을 남기고 숨이 넘어갈 만한 건축 설계를 할 수 있겠는가? 그들은 하나님의 형상대로 지어졌으며, 하나님께서는 그분께 반역을 했다고 해서 그와 같이 특징적인 기능을 없애 버리지 않으신다.롬 11:29 참조 최근 들어, 하나님의 왕국의 마음 가짐을 받아들인 신자들이 탁월한 영역에서 세상을 따라잡고 심지어는 앞서가고 있으며, 계속 그리하게 될 것이다.

교회

예수께서는 그분의 제자들에게 이성 가운데 종교적 영향력이 임할 수 있다는 것에 경고를 하셨다. "삼가 바리새인들의 누룩과 헤롯의 누룩을 주의하라."막 8:15 바리새인들의 정신 상태는 하나님을 모든 것의 중심에 두었지만, 그들이 생각하는 하나님은 비인격적이고 무능력했다. 그들의 하나님은 이론과 가정이라는 영역에 사는 존재였다. 그들은 편리한 전통과 이기적인 존경심에 탁월했다. 하지만 실제로 하나님의 왕국을 닮은 모양이 종교계에는 거의 없다. 마음이 새롭게 된 사람들에게는 문이 활짝 열려 있다.

종교계의 많은 이들이 진실성을 갖고 있다. 그리고 실제로 순결하게 살아가며 성경에 나타나는 능력을 행하는 이들을 보면, 내면에서 무엇인가 솟아난다. 그것이 진실이기를 바란다. 그런 예를 보지 못했을 뿐인 것이다. 하나님의 왕국 중심으로 살아가는 이들에게는 엄청난 반대 가운데서도 커다란 기회가 주어진다. 하지만 그 모든 위험 부담을 감수하면서도 가치 있는 상급이 있다.

성공은 보통 예배 참석자 수, 도서나 CD의 판매 부수, TV 프로그램의 시청자 수 등으로 측량되는 경우가 많다. 이 영향력의 세상 가운데 가장 흔한 공포 중에는 '내 양을 훔쳐갈 것'이라는 두려움이 있다. 아무 유익을 바라지 않고 다른 지도자의 성공을 위해 헌신하는 것은 이 산에 침략하는 데에 필수적이다. 외부자들의 성공의 척도를 무시할 때에 이 영역의 지도자가 왕 되신 하나님의 가치들—열정, 순결, 능력, 사람—을 귀히 여길 수 있게 될 것이다.

긍휼은 우리가 소유한 도구들 중 이 영향력의 산을 침략하기에 가장 뛰어난 것이다. 우리 네트워크 내의 교회들 중에 지역 내 가톨릭 고아원과 교류하고 싶어하는 곳이 있었다. 이들은 개신교인들과 가톨릭교인들이 동역하지 않는 나라에 살고 있다. 실상 이들은 설교 중에 서로를 대적하여 말씀을 전하는 것으로 알려져 있다. 이 목사가 이야기를 나누기 위해 방문했을 때, 자연스레 신부는 방어적 태도를 취했다. 하지만 목사는 고아를 돌보는 그들의 마음에 대한 존경을 표하고 싶다며, 더욱 힘을 내어 접근했다. 그러자 신부는 다른 어떤 개신교인들도 하지 않았던 일을 지금 이 목사가 하고자 함을 인식했다.

목사는 고아원 아이들에게 혹시 필요한 것이 있느냐고 물었다. 신부는 고아원 아이들에게 신발이 필요하다고 이야기했다. 개신교회 측의 사정도 대단히 어려웠지만, 모든 아이들에게 신발을 사다 주었다. 이 교회의 식구들이 그러한 일을 할 수 있기까지 말로 다 할 수 없는 엄청난 희생이 필요했지만 그들은 해냈다. 이 단순한 사랑의 행위로 인해 이 지역의 온 교회가 이처럼 진정한 복음의 표현으로 동요되었다. 그리고 수십 년간 이 도시를 지배해 온 종교적 적개심으로부터 모두 치유된 것이다.

도덕과 청렴이라는 분야는 우리가 거의 문제를 발견하지 못하는 영역이 되어야 한다. 하지만 실상은 그렇지 않다. 교회(참된 신자들)의 이혼 및 부도덕 비율이 세상과 같다고 하는 통계를 믿진 않지만, 수치로만 보면 분명 너무 높은 게 현실이다. 하나님과의 만남, 성경을 출처로 한 올바른 가르침, 그리고 다른 지체들에 대한 책임감이 있다면 이 문제들을 바꿔나갈 수 있다. 의로운 이들은 또래 집단 사이에서 의로운 압박을 일으킬 수 있다. 교제가 희생적일 정도로 그 가치를 인정 받을 때, 교제를 나누는 이들은 빛 가운데 행하기 시작할 것이다. 공개적으로, 청렴과 책임감으로 말이다.

히 13:15-16 참조

교회는 새로운 아이디어가 아니라 관습들로 알려져 있다. 그런데 감사하게도 그 부분에 있어서 위대한 변혁이 일어나고 있다. 변화를 위한 변화는 항상 건강하다고 할 수 없지만, 변화에 대해 저항적인 사람들은 보통 성령에 대해서도 저항적이다.

창조성을 가졌다고 알려져야 할 사람이 있다면, 마땅히 창조주의 정확한 형상대로 지어진 사람들-거듭난 성도들-이어야 하지 않겠는가? 무슨 일을 하든지 더 나은 방법이 있다. 항상 그렇다. 그리고 교회는 그 발견을 선도하는 위치에 있다. 문화적 소통이 마땅히 시대의 화두인 것은 알겠지만, 그 소통은 능력으로 이뤄져야 한다!

교회는 보통 탁월의 영역에서 저자세를 취해 왔다. 그것은 겸손에 대한 오해로 말미암은 것이다. 그 길을 택한 것은 흔히 저신앙-믿음의 부족-으로 말미암은 것인데, 겸손을 핑계 댄다. 탁월은 참된 겸손의 표현일 수 있으며 그래야만 한다.

왜냐하면 겸손한 자는 "주님의 영광을 위해 우리의 최선을 다하자!"고 선포하기 때문이다. 최선의 결과를 가져올 수 있는 대부분의 영역에는 최고의 위험 부담이 있다. 여기도 예외가 아니다. 탁월은 하나님의 왕국이다. 완벽주의는 종교다. 가난은 사탄적인 것이다.

가정

오늘날 가정에 가해지는 압박은, 가정을 가장 침략하기 쉽고도 가장 침략해야 할 영역으로 만든다. 가정이라는 단위를 파탄시키기 위해 초과 근무를 하는 듯한 이들도 본능적으로 건강한 관계, 가족이 갖는 의미, 그리고 유산을 중시한다. 이 산 가운데 가정이 영향력을 발휘하는 데에 필요한 것은 건강하게, 숨기지 않는 것이 전부다. 관계가 좋고 거룩한 훈육의 경계가 온전하다면 그 믿음의 가정은 끝없는 영향력을 갖는다. 문제가 나타나는 경우는 대부분 거룩함에 대한 거짓된 기준을 갖고 있는 것이다.

예컨대 믿지 않는 사람들과는 관계하지 않으면서 그들과 비슷한 가치나 습관들을 그대로 갖고 있는 것이다. 오히려 그 반대가 목표가 되어야 한다. 잃어버린 영혼들과 섞여 관계하면서도 그들의 가치관이나 습관은 배우지 않는 것이다. 그렇게 하면 그들을 합당한 운명으로 이끌기까지 빛과 소금된 우리가 보존하고 노출시키는 효과를 발휘할 수 있을 것이다. 계획적이고 건강한 가정들은 건강한 가정들을 낳는다.

우리 동네의 고등학교 하나가 학생들 몇 명 때문에 문제를 겪고 있었다. 일부 부모들은 아이들이 통제가 되지 않아 어떻게 해야 할지를 몰랐다. 학교 측에서는 해당 학생들을 영구히 제적시켜버릴 것을 고려하고 있었다. 학교장은 우리 교회 목회자들이 가진 가정 생활에 대한 비범한 은사를 알아챘다. 그들의 마음은 지배하거나 점령하기 위한 것이 아니었다. 그저 섬기고 싶었던 것이다. 교장은 큰 위험 부담을 안고서 목사들에게 와서 해당 학부모들에게 '올바로 기능하는 가정 생활'이란 어떤 것인지 조언을 해달라고 했다.

가족 내부의 관계로부터 일어난 변혁은 놀라웠다. 기존에 부모들을 면전에서 저주하던 10대 아이들이 밤에 자기 전에 온 가족이 함께 보드게임을 하면 어떻겠냐고 제안을 하는 것이었다. 그중 몇몇은 매일 저녁 함께 이야기 나눌 시간을 갖자고 하였다. 그 방향의 전환이라는 것이 너무나 충격적이어서, 이 목회자 팀이 방문해서 학부모 상담을 해주기를 기다리는 공립학교 리스트까지 생겼다.

부모들이 거룩한 성품과 지혜를 가지고 아이들을 양육하면, 그리스도의 사랑과 청렴을 비추는 가정을 만들어낸다. 아이들이 가정과 교회에서 전혀 다른 기준을 보고 자라게 된다면, 아예 모든 기준에 대해서 반항을 하는 경향이 있다. 반대로 다른 사람이 보든지 안 보든지 상관 없는 진정한 청렴이 드러날 때는, 아이들이 어떤 값을 치르고라도 부모의 발자취를 따르고자 한다. 개성이라는 것에 대한 여지만 주어진다면 말이다.

이 부분에서 노력을 1g만 하면 그 여파는 1kg으로 나타나는 것이다. 목적 의식을 가지고 인생이라는 모험을 함께 하는 가정이 사실상 거의 없다. 그 모험을 함께 떠안는다는 것은 사실상 창조적 표현이 표면으로 드러나게 해주는 것이다. 아내는 이 방면에 있어 너무나 잘해 주었다. 성격상 모험적이기도 하고, 나의 격렬한 성격 때문에 모른 채 부숴버릴 수 있는 것들에 기쁨을 더해 주는 경우가 많다. 나는 아내에게 그 점을 배웠다. 왜냐하면 배우고 싶었기 때문이다. 우리 가족은 더 나아졌다. 그리고 나도 나아졌다. 왜냐하면 아내가 가정에서 창조성을 찾아 탐구해 왔기 때문이다.

이 말은, 단순히 우리가 항상 모든 일에 최선의 노력을 기울인다는 뜻이다. 어떨 때는 경제적으로 어렵다. 가장 좋은 차를 산다든지 가장 비싼 옷을 산다든지 하는 것으로 탁월을 측정할 수 없다. 오히려 삶에 접근하는 우리의 방식을 통해 나타나는 것이 탁월이다. 우리의 모든 것을, 주님의 모든 것을 위해 쓰는 것이다. 끝내주는 거래 아닌가?!

정부

예수께서 '만국의 보배'이심을 알면 이 정부라는 영향력의 산에 접근할 때에 용기가 생긴다. 그 말은 그저 만국이 보배로이 여기는 그분을 눈에 보이게 만들기만 하면 된다는 뜻이다.

정부는 보통 다리를 저는 상태다. 왜냐하면 유권자들을 두려워하기 때문이다. 고결한 사람들이 이 세계에 들어가 위협의 제단 위에서 꿈을 내려놓는다. '헤롯의 누룩'이 많은 이들에게 독이 되는 것이다.막 8:15 참조 하지만 이 시대를 위해 다듬어져 준비되고 있는 새로운 무리가 있다. 하나님만 경외하고, 여론이라는 지뢰 밭 가운데 춤을 출 수 있게 해주는 지혜로 살아가는 이들이다. 정부에서 효과적으로 일하려면 치러야 할 값이 있다.

이 영향력의 산을 오르는 사람들은 예수와 똑같이 "하나님과 사람에게 점점 더 은총을 입을"눅 2:52 필요가 있음을 깨달아야 한다. 이 주제에 대해 지침을 줄 수 있는 가장 실질적인 책은 어쩌면 잠언일 것이다. 날짜에 따라 매일 한 장씩 읽으면 이 영역의 지도자들에게 나침반이 되어줄 것이며 어떤 문제도 하나님의 왕국다운 해법을 찾지 못하는 일이 없을 것이다.

우리 교회에 출석하는 한 여성이 최근에 미국 국무부를 대표하여 아랍의 한 국가에서 일을 하고 있었다. 그 자매는 그 나라의 교육 제도에 새로운 정책을 도입해 달라는 부탁을 받은 것이었다. 그들은 남자 고등학생들의 훈육 문제로 곤란을 겪고 있었다. 그 나라에선 여자에게 그 정도의 권한을 주는 일이 거의 없었지만, 그 자매의 삶에 주어진 은총은 문화적 장벽을 뛰어넘는 것이었다. 그 자매는 교사들을 대상으로 가르치고, 그 주제에 대하여 우리 교회가 살아가는 원칙-하나님 왕국의 모든 훈육 원칙-에 기초하여 논문을 썼다. 그쪽의 교육 지도자들은 그녀의 논문에 너무나 깊은 인상을 받아, 그것을 전국 학교 제도의 훈육 표준으로 채택했다. 미 대사관도 동일하게 대응하여, 전 세계 대사관에 그 논문을 발송했다.

'청렴'과 '정치인'이라는 단어들이 서로 모순어법인 듯 여겨지는 현실은 매우 안타깝다. 하나님의 말씀은 여전히 참되다. "의인이 형통하면 성읍이 즐거워하고." 잠 11:10 사람들은 본능적으로 정직하고 공의로운 사람들에게 통치 받고 싶어한다. 자기의 유익을 취하지 않고, 전체의 유익을 위해 희생적으로 통치할 지도자를 원하는 것이다. 다시 한번 여기서 우리는 예수의 표준을 품어야 한다. 그것은 곧 왕처럼 섬기고 종처럼 다스리는 것이다. 그것이 주님의 방법이다.

신자들이 믿지 않는 상대의 정치 전술에 넘어지는 모습을 보면 마음이 아프다. 왜냐하면 여론 조사에서 인기가 떨어지기 때문이다. 선거 캠페인을 하는 데서부터 주변을 지혜 있는 사람들로 채워 옳은 결정을 하는 데에 이르기까지, 더 나은 방법이 존재한다. 이 모든 것들은 창조성의 지혜에 헌신된 사람들의 표징이다.

정부의 가장 기본적인 두 가지 역할은 안전의 영역과 번영의 영역을 만드는 것이다. 정부 지도자들이 스스로의 지위를 사용해 자기 이득을 취하는 것은, 스스로의 카리스마를 이기적으로 팔아먹는 것과 다름 없다. 탁월은 우리가 다른 이들을 위해 최선을 다하는 모든 일에 나타난다.

과학과 의학

늘 그렇듯 이 영역의 영향력은 전 세계에 점점 더 커지고 있다. 질병들도 늘어나고, 치료법들은 거의 나타나질 않는다. 나는 하나님의 치유를 믿고 예수 그리스도를 통해 수천 명의 사람들이 치유되는 것을 목격했지만, 그렇다고 의학의 개입에 반대하진 않는다. 의료계 전체가 사회 전반적으로 세력과 신용, 영향력을 얻고 있다.

우리가 사역 가운데 목표로 하는 것 가운데 하나는 죽어가는 이들과 함께 있는 모든 이들을 위해 기도하는 것이다. 여기에는 의사, 간호사, 구급차 종사자, 회복기 환자 병동 직원, 경찰, 소방대원 등이 포함된다. 공의로운 이들이 이 영향력의 자리에 배치되기를 기도하고 있다. 왜냐하면 우리가 사는 도시에서 누구라도 지옥 가는 일이 거의 없도록 만들고 싶기 때문이다.

우리는 근처의 회복기 환자 병동에서 높은 직위를 가지고 일하는 사람을 하나 알고 있다. 의료 차트에 보면, 누구든 죽어가는 사람이 있으면 이 자매에게 전화를 걸어 함께 시간을 보낼 수 있도록 해야 한다고 쓰여 있다. 필요한 경우, 이 자매는 몇 분이라도 가족들을 환자로부터 떼어놓고, 환자가 그리스도를 영접하도록 기도한다.

우리는 우리 도시에 사는 사람들이 예의 바르게 지옥 가기를 원치 않는다. 이런 말을 들어본 적이 있을 것이다. "참호에는 무신론자가 없다." 영원의 경계에 있는 사람들도 그렇다고 할 수 있다. 죽음을 맞이하는 이들은 진리에 대단히 수용적이다. 참된 사랑과 사람들에 대한 긍휼을, 그 시스템 내에 심겨진 사람들을 통해 표현할 때 놀라운 추수가 일어난다. 낮은 자세로, 그저 섬기기 위해 들어갈 때 할 수 있게 되는 일이 얼마나 많은지 놀랍다. 사람들은 진짜 사랑과 종교적 의무를 다하기 위해 오는 사람의 차이를 안다. 진짜 사랑에 반대할 사람은 거의 없다.

그리스도를 닮은 성품은 항상 다른 이들을 우선시 한다. 대단한 존경을 받던 의료계가 엄청난 추락을 했다. 이윤 창출에 기초해 의문스러운 결정을 내리는 의사들이 너무나 많았기 때문이다. 병원들은 보통 긍휼의 마음이 없이 수술을 하는 경우가 많기 때문에 비난의 타깃이 된다. 하지만 그것이 전형은 아니다. 이 직종에 있는 이들 대부분은 최소한 진심 어린 긍휼과 다른 이들을 돕고 싶은 마음으로 일을 시작했다. 필요가 너무 커지면 하나님의 왕국 중심적인 사람들은 다시 눈에 띄게 된다. 그리고 그 사람들이 하나님의 치유의 능력을 믿는다면, 그보다 더 좋을 순 없다.

의료 전문인들의 손을 통해 점차 더 많은 기적이 일어나고 있다. 우리의 치유 집회에 참석하는 의사들의 수가 극적으로 증가하고 있다. 자연계와 초자연계를 함께 이해함으로써 건강을 선사할 수 있는 사회의 한 부분이 통째로 일어나는 것을 볼 수 있다면 정말 아름다운 조합이다.

점점 더 많은 그리스도인 의사들이 건강 문제에 대한 해답을 찾는 데에 있어 하나님께 훈련을 받고 있다. 치유가 놀라울진대, 하나님께서 주시는 건강은 훨씬 그러하다. 이 주제에 대해, 신자들은 하나님의 왕국의 신비로 나아갈 수 있게 되었다. 시간은 끝을 향해 가는데 하나님께서 주시는 건강을 체험한 세대가 옛 이스라엘 민족뿐이라면 정말 불행할 것이다. 이스라엘 자손들은 우리보다 못한 언약 가운데 살았으며 하나님께 반역도 했다. 열등한 언약이 우월한 약속을 해줄 순 없다. 이 영향력의 산에 있는 이들은 온 세상이 적극적으로 구하고 있는 것을 가지고 있다. 하나님께 구체적 해법을 구하면 의술에 관련된 이들은 죽어가는 세상에 참으로 창조적인 표현을 전해 줄 수 있을 것이다.

이 전문인 그룹은 탁월이라는 부분에 있어 유리한 시작을 했다. 왜냐하면 사회 가운데 자신의 역할을 위해 엄청난 값을 치르는 데에 익숙하기 때문이다. 이들이 겸손한 마음을 품는 가운데 열정과 규율을 지켜나갈 수 있다면, 불가능한 일이 없을 것이다.

하나님을 향한 열정은 다른 것들을 향한 열정으로 이어진다

이러한 영향력의 산들로 올라가는 특권을 마주할 때에 계속해서 열정과 용기를 가지는 일은 필수적이다. 스스로의 동기에만 전적으로 의존할 때 열정은 닳아버린다. 하나님의 눈에는 불이 있다! 주님과 빈번하게 만나게 되면 우리 안에 있는 어떤 불꽃이라도 계속 타오를 것이다. 하지만 용기를 내는 것은 또 다른 문제다. "방언을 말하는 자는 자기의 덕을 세우고." 고전 14:4 랜스 월나우 박사는 여기에 쓰인 'edify(덕을 세우다)'라는 단어에 대한 흥미로운 반전을 제시한다. 관련 단어로 'edifice(건물)'를 들며, 방언으로 기도하는 사람은 자신의 삶에 대한 하나님의 목적이 보이는 건물을 세우는 것이라고 강조한다! 어쩌면 이것이 바울 사도가 자신이 누구보다 방언을 많이 한다고 말한 이유일지 모른다. 그는 하나님을 위해 무언가 큰 것을 세우고 있었던 것이리라!

보통 우리는 아직도 영적인 면과 세속적인 면으로 나누어 생각하며 드러나도록 영적이지 않은 영역들에 대한 영향력을 제하여 버린다. 다음 장에서는 이 진리를 어떻게 실질적으로 적용할 것인지를 알아보고, 하나님을 향한 사랑이 다른 것들에 대한 우리의 사랑에 어떻게 영향을 미치는지에 대한 개념을 더욱 확장시켜볼 것이다.

* * *

1. 지식의 말씀은 하나님께서 계시해 주시는 바가 없으면 알 수 없는 다른 사람에 대한 것을 알게 되는 것이다. 이 경우엔, 하나님께서 치유하고자 하신 그 가게에 쇼핑을 하러 온 특정 질병의 환자에 대한 지식이었다.
2. 정치적 과정에 관여한다는 것은 신자들이 할 수 있는 일일 뿐만 아니라 해야만 할 일이다. 우리의 힘이 정치적 과정을 통해 얻어진다고 생각하는 등 기준을 낮추지만 않으면 되는 것이다. 하나님께 순종하는 자연적 노력을 통해 영적으로 풀어지는 것이 있다. 주님의 침략이 우리의 힘이다.

PART **6**

실질적인 면

우리가 하나님을 사랑하면, 그것이 사람들에 대한 우리의 사랑으로 측량될 수 있을 것이라고 기록하고 있다. 이것은 정말 절대적인 원칙이다.

우리의 소통 기술은 성령의 영향력 하에 있어야 한다. 소통을 옳게 하면, 우리의 말은 긍휼과 염려의 표현을 통해 사람들의 삶 속에 하나님의 임재를 풀어놓을 수 있다.

CHAPTER
06

나에게 중요한 것이라면
주님께도 중요하다

　이런 말을 들어본 적이 있을 것이다. "하나님이 최우선이고, 가정이 둘째며, 교회는 셋째다." 공식적으로 하는 이야기는 아니지만, 이것이 중요한 것은 시간이 지나면서 혼선이 생긴 그리스도인의 삶의 우선 순위를 나타내 보이기 때문이다. 이와 같이 하나님의 왕국을 따른 삶의 우선 순위를 무시하여 참극을 맞이한 목회자 가정을 나는 많이 보았다. 이 순서가 좋은 것이긴 하지만, 반드시 정확하다고 보지는 않는다. 하나님께서 첫째가 되시면 둘째는 없다.
　하나님을 향한 사랑으로 나는 아내와 자녀들에게 내 자신을 헌신한다. 그것은 주님께로부터 분리된 것이 아니며, 오히려 주님께 드리는 것이다. 하나님을 사랑하지 않고 아내를 사랑할 수 없다는 뜻이 아니다. 많은 믿지 않는 자들도 능히 사랑하고 있다. 하지만 하나님을 알고 사랑하면, 하나님을 떠나서는 얻어질 수 없는 초자연적인 분량의 사랑으로 나아갈 수 있게 된다. 하나님께 전적으로 내던져진 사람은 스스로 가능하다고 생각하는 바를 초월하여 이웃을 사랑할 수 있게 된다.

나는 예수를 향한 열정 때문에 교회도 이렇게 사랑할 수 있는 것이다. 하나님을 향한 나의 사랑은 곧 생명을 향한 사랑이다. 둘은 나뉠 수가 없다. 가정과 교회, 사역을 사랑하는 것은 모두 하나님에 대한 나의 사랑의 표현인 것이다. 하나님께서는 최우선이실 뿐만 아니라 유일하시다.

종교는 이 과정을 파괴시킨다. 왜냐하면 겉으로 보기에 영적인 활동들만 하나님께서 받으실 만한 섬김이며 성경 읽기, 복음 증거, 교회 출석 등과 관련이 없는 것들은 참된 그리스도인의 섬김이 아니라는 인상을 주기 때문이다. 종교는 영적인 것과 세속적인 것으로 분리된 개념으로 그리스도인의 삶을 되돌린다. 이렇게 이중적인 삶을 사는 사람은 생존을 위해 우선 순위 목록이 필요하다. 그렇지 않으면 다른 중요한 문제들을 돌보지 않을 것이기 때문이다. 하나님에 대한 이들의 인식은 그리스도인의 제자도라고 보이지 않는 것들에 대한 열정을 실상 허용하지 않는다.

어떤 이들에게 의미를 갖는 듯 보이는 것들이 목적을 갖는 것은 이 때문이다. 곧 우리는 하나님을 향한 열정이 다른 것들을 향한 열정을 탄생시킨다고 인식하는 생각의 전환이 있어야 한다. 그리고 그 다른 것들이 바로 보통 주님께 드려진 것으로 추구되어야 할 것들이다. 우리는 그러한 것들을 경쟁 관계에 있는 것으로, 혹은 하나님께 대한 우리의 헌신과 동떨어진 것으로 받아들여선 안 된다. 어쩌면 이에 대한 가장 좋은 예를 성경의 요한일서 4장 20절에서 찾을 수 있을 것이다. 여기서는 우리가 하나님을 사랑하면, 그것이 사람들에 대한 우리의 사랑으로 측량될 수 있을 것이라고 기록하고 있다. 이것은 정말 절대적인 원칙이다. 하나님께서는 다른 사람들을 사랑하지 않으면, 실상 그분을 사랑하지 않는 것이라고 말씀하시는 것이다.

요점은 이것이다. 하나님을 향한 열정을 가지고 있을 때, 그 여파로 우리에겐 다른 것들을 향한 열정이 나타난다. 그리고 많은 경우 그러한 것들에 헌신함으로써 하나님께 대한 우리의 사랑을 확증하고 나타내는 것이다.

내 경우에는 야외에 대한 사랑이 내가 그리스도께 헌신한 부분들 중 하나다. 자연을 경배하는 이들도 있지만, 나는 자연이 가리키는 그분 곧 창조주를 경배한다. 가족들을 향한 사랑, 또 사냥과 낚시, 산과 바다, 만년필, 프렌치 로스트 커피를 향한 사랑은 모두 내가 삶에서 누리는 기쁨들이다. 그리고 그 기쁨은 전적으로 주님과의 관계를 통해 탄생된 것이다.

> 하늘이 하나님의 영광을 선포하고 궁창이 그의 손으로 하신 일을 나타내는도다. 날은 날에게 말하고 밤은 밤에게 지식을 전하니. 시 19:1-2
>
> 창세로부터 그의 보이지 아니하는 것들 곧 그의 영원하신 능력과 신성이 그가 만드신 만물에 분명히 보여 알려졌나니 그러므로 그들이 핑계하지 못할지니라. 롬 1:20

다윗이 누린 지극한 기쁨

성경 전체에서 다윗은 "하나님의 마음에 합한 자"로 알려져 있다. 하나님을 향한 그의 열정은 성경 가운데 다른 비교 대상을 찾을 수 없을 정도다. 하지만 그는 또한 생명에 대해서도 비할 데 없는 사랑을 확증하고 있다.

시편 137장 6절을 보자.

"내가 예루살렘을 기억하지 아니하거나 내가 가장 즐거워하는 것보다 더 즐거워하지 아니할진대 내 혀가 내 입천장에 붙을지로다."

오늘날의 종교계에 이러한 발언은 받아들여지지 않을 것이다. 어떻게 예루살렘, 즉 구속된 자들의 공동체가 그의 최고의 기쁨이라고 할 수 있을까? 하나님께서 그의 가장 큰 기쁨이 되셔야 하는 것 아닌가? 역설적인 것처럼 보이는 말씀이 영적 진리들의 실제적 표현을 찾는 유대 문화에서는 완벽히 들어맞는다. 하나님을 향한 다윗의 사랑에는 표현이 필요했고, 예루살렘이 완벽한 대상이었던 것이다.

우리가 하나님을 향한 진짜 열정을 가지고 살 때, 다른 것들을 향한 열정이 창조된다. 물론 어떤 것을 하나님보다 높은 가치로 여길 수도 있지만, 다른 것들의 가치를 모르고 하나님의 가치를 알 수는 없다. 이것이 종교적 사고 방식을 마주하는 포인트다. 종교적 사고는 신성하다고 여겨지지 않는 모든 것들을 폐기한다. 다른 열정은 전혀 없이 하나님을 사랑하려는 목표를 성취하기 위해 노력할 때, 생존을 위한 수도원 생활 방식이 탄생된 것이다. 그리고 나도 과거에 수도원 생활을 한 많은 신자들을 사모하지만, 그것이 예수께서 우리에게 주신 모델은 아니다. 우리가 청지기로서 여생을 어떻게 관리하느냐가 하나님을 향한 진짜 사랑을 증거하는 리트머스 시험지가 된다.

나의 우선순위 vs 하나님의 우선순위

대부분의 사람들처럼, 나도 기도제목의 목록이 있다. 여기에는 기본적인 갈망들과 생활의 필요, 사랑하는 이들이 담겨 있다. 종이에 적지 않았어도 최소한 마음에는 새겨져 있다. 그 목록 가운데서 분명히 영원한 의미를 갖는 것들이 있다. 우리가 사는 도시를 위한 기도, 우리가 섬겼던 어떤 이들의 구원을 위한 기도, 어려운 질병을 앓고 있는 이들의 치유와 돌파, 개인적 또 교회적 공급.

긴급성에 있어 그 다음으로 오는 것들은, "주시면 좋겠습니다"라는 제목을 달고 있다. 이 부분은 목록도 길고 중요성도 천차만별이다.

하지만 나는 때로 하나님께서 이 목록을 지나치시고, 바로 내 마음 깊은 곳 어딘가에 자리하고 있는 "굳이 구하진 않겠습니다" 목록으로 향하실 때가 있는 것을 발견했다. 기쁠 때도 있지만 때로는 공격적인 행보다.

한 번은 친구가 찾아와 말했다. "야, 너 사냥개 가질래?" 나는 항상 훈련이 잘된 사냥개를 갖고 싶었지만, 그런 사치를 부릴 돈도 시간도 없었다. 내 기도제목 목록에 있었던 것도 아니다. 그리고선 친구가 이렇게 말하는 것이었다. "개 훈련시키는 사람 하나가 나한테 신세를 크게 져서 내가 원하는 개는 무엇이든 준대. 그러니까 네가 필요한 개를 이야기하면 내가 받아다가 줄게." 바로 이렇게, 나는 기도제목도 아니었던 개를 하나 소유하게 되었다. 이것은 심지어 "주시면 좋겠습니다" 목록에도 없었던 것이다. 그다지 중요하지 않았던 것이다. 하지만 내 마음속의 비밀스러운 갈망이었다. 하나님께서는 그렇게 영원 가운데 중요한 모든 것들을 지나치시고, 일시적이고 보기에 큰 의미도 없는 것으로 향하셨다.

처음엔 상처가 되었다. 감사하지 않았던 게 아니다. 감사했다. 하지만 전혀 이해가 안 됐다. 하나님께서 소원을 들어주신다면 나에게 훨씬 더 중요한 것을 들어 주셨기를 바랐던 것이다.

시간이 오래 걸리긴 했지만, 결국 그 의미를 알 수 있었다. 나의 간구는 중요했다. 하지만 주님을 바라보는 나의 관점이 더 중요했다. 바로 그때, 거기서 나는 내게 중요한 것이면 주님께도 중요하다는 것을 깨닫기 시작했다. 주님께서 나의 "긴급" 기도제목이나 "주시면 좋겠습니다" 목록을 지나치셔서, "마음속의 비밀한 갈망들"로 들어가신 것은, 내가 기도했던 다른 모든 것들에 대한 응답보다 내 하늘 아버지에 대해 시사해 주는 바가 훨씬 컸다.

기도에 대한 관점의 회복

사람들은 흔히 내게 다른 누군가의 치유를 위해 기도해 달라고 부탁하러 온다. 때로는 자신에게도 분명히 육체의 필요가 있는 사람인데, 일단 친구의 치유를 구한다. 내가 본인의 상황에 대해 압박하듯 물어보면, 보통 그들은 이런 식으로 대답한다.

"어, 하나님께서 저보다 그들을 치유해 주시면 좋겠어요. 그 사람은 암이잖아요. 저는 허리에 디스크가 조금 있을 뿐인데요."

그 긍휼의 마음은 놀라운 것이지만, 그들은 스스로의 필요보다 다른 사람의 필요를 우선시하고 있는 것이다. 하지만 하나님에 대한 그들의 인식은 잘못된 것이다. 정말 잘못되었다!

주님의 능력은 제한된 것이 아니다. 다시 말해, 주님께서는 이 사람의 디스크를 고쳐 주시고도 방전되지 않으신다. 그렇게 하시고도 친구의 암을 치유하실 능력이 충분히 남아 있는 분이시다. 또한 소원 하나를 다 들어 주신 뒤에야 그 다음 것을 구할 수 있는 것이 아니다. 친구를 향한 갈망은 고결한 것이지만, 이것은 "둘 중 하나"를 고르는 상황이 아니다. 뿐만 아니라 주님의 주의의 폭은 탁월하다. 너무나 뛰어나셔서 사실상 이 지구상에 사는 모든 사람들에게 분산되지 않고 주의를 기울이실 수 있을 정도다. 모두 동시에 말이다. 또한 주님께서는 우리의 기도를, 우리가 그러하듯 우선순위를 두고 보지 않으신다.

어떤 이들은 이런 식으로 생각할 것이다.

"물론 하나님께서 암을 고치실 수 있지요. 중요한 일이니까요. 하지만 내 디스크는 그만큼 중요하지 않잖아요. 저는 그런대로 살 만해요."

우리는 암이 긴급한 것이고(실제로 그렇다) 다른 모든 것은 보류할 수 있는 것이라고 인식한다. 실제로는 디스크가 먼저 치유되는 경우가 많다. 그리고 그 한 번의 체험으로 믿음이 커지면, 암의 치유에 필요한 믿음을 낳는 데에 도움이 될 수 있다. 우리의 논리는 주님의 논리와 맞지 않으며, 주님께서는 변하지 않으실 것이다.

중요한 꿈

이번 장에서는 세 가지 이야기와 한 호텔에서 내가 겪은 비범한 일을 이야기할 것이다. 이것들은 모두 실화이며, 단순하지만 심오한 의미를 갖고 있다. 수백 가지의 이야기를 쓸 수도 있었겠지만, 내가 이 이야기들을 선별한 것은, 영원한 중요성이 뚜렷이 담겨 있지는 않기 때문이다. 하지만 세상에 영향을 미치고자 하는 이들에게는 의미가 충만하다.

하나님께서 정부와 세상의 다양한 체제에 변화를 일으키기 위해 침략하신다는 소식들이 매일 늘어나고 있다. 그리고 많은 이야기들이 다른 대단한 책들에도 실려 있다. 이것들이 우리에게 엄청난 중요성을 갖는 것은 사실이나, 내게는 하나님의 본성이 단순하고 일시적인 것들에 응답을 주실 때 훨씬 더 또렷이 보인다.

독성 가구 세척제

배리와 줄리 부부는 1987년에 설립한 목재 끝손질 회사를 운영하고 있었다. 그들은 가정과 상업 용도의 목재를 선처리한다. 그들이 사용하는 원료들은 독성이 있고 꽤 위험한 것이었다. 그들은 확실한 이유들 때문에 고품질의 수성 제품을 찾기 시작했다. 그들은 양질의 수성 제품을 찾을 수 없으면 사업을 그만두기로 결단했다. 탐색은 계속 되었지만 어떤 것도 그들이 쓰던 독성 물질만큼 좋은 품질을 내지 못했다.

좋은 효과가 없는 제품들을 가지고 몇 년을 작업하다가 그들은 스스로 제품을 개발하기로 결단했다. 배리는 업계 사람들에게 연락도 하고 화학회사로부터 조제법을 전달 받기도 했다. 배리는 그들이 전해 준 것들을 가지고 반복해서 작업을 해봤지만, 어떤 것도 제대로 된 결과를 얻지 못했다.

셋째 아이 에이미가 비극적으로 죽은 뒤, 그 부부는 예수를 알게 되었다. 우리는 다시 한번 우리를 멸하기 위해 보내진 바로 그것이 우리를 그분께 인도하기 위해 쓰이는 하나님의 놀라운 은혜를 볼 수 있다. 회심을 한 뒤 줄리는 여전히 여러 차례 유산을 했다.

넷째 아이를 임신했을 때, 줄리는 하혈을 시작했다. 그녀는 배리에게 이 아이의 출산이 확실시 될 때까지 자신은 일하러 오지 않겠다고 이야기했다. 줄리는 집에 가서 주님을 구했다. 얼마나 오래 걸리든지 상관 없었다. 배리는 매일 집에 와서 줄리에게 점심을 차려 주었다. 줄리는 거의 두 달 동안 소파를 떠나지 않았다. 둘은 매일 기도했고, 그러고 난 뒤에 배리는 작업장으로 복귀했다.

그러던 어느 날, 둘은 함께 기도를 시작했는데 성령께서 줄리에게 일련의 문자와 숫자들을 지시 사항과 함께 주시며 배리에게 이야기하라고 하셨다. 이런 일이 전에 없었던지라 줄리는 망설여졌고, 매우 어색하게 느꼈다. 줄리가 이야기를 하자 배리는 이렇게 대꾸했다. "그게 무슨 의미인지 알 것 같아." 배리는 가게로 돌아가 그것을 제조법으로 사용하여 몇 년 동안 시도해 온 마무리 칠을 만들어냈다. 성공이었다! 그는 이 제조법을 사용해 향후 몇 년 동안 무독성의 수성 제품을 제조했다. 이 동일한 공식이 다른 많은 제품의 기반이 되기도 했다.

그들은 항상 자신들이 급진적으로 회심하게 된 것과 이 창조적 아이디어를 주신 것에 대해 하나님께 모든 영광을 돌렸다. 이들은 또 일이 계속 발전하면 하나님께서 더 큰 영광을 받으실 것으로 믿고 사업을 확장하려 여러 차례 시도했다. 아무런 큰 마케팅 전술을 펼칠 시간도 돈도, 야망도 없었다.

그런데 2001년, 어떤 사람이 미시간 주 상부에 이들의 제품을 사용해 통나무 집 한 채를 지었다. 그는 44세의 은퇴한 사업가로, 컴퓨터 업계에서 엄청난 돈을 번 사람이었다. 그는 이들이 만든 염료와 마무리 칠 재료를 사용하여 인테리어를 했고, 너무나 좋은 인상을 받아서 건축업자 측에 이야기를 했다.

그는 조그마한 마을에 있는, 배리와 줄리 부부가 소유하고 경영하는 회사라는 것을 알게 되었고 거기서 사업가적인 기질이 발동했다. 그는 이 부부에게 전화해서 회사를 팔라고 이야기했다. 그들은 하나님께서 주신 기업으로 알고 있었기 때문에 기도하고 또 기도했다. 2년 동안 주님께 구한 후에 이들은 사업체를 파는 것을 논의하기 위해 만나기로 했다. 마침내 액수를 두고 논의할 시점에 이르렀을 때, 그들이 평생 상상할 수 있는 액수보다 더 큰 돈을 받게 되었다. 그들은 회사를 팔기로 하고 선교와 전도 가운데 주님을 섬기는 새 삶을 시작했다.

주님의 창조적 능력 덕분에 이러한 일들이 가능했던 것이다. 배리는 화학 분야에 학위가 없다. 그러나 언제든 창조적 과정 중에 막히는 것이 있으면 기도를 했고, 하나님께서는 항상 적당한 사람이 전화하게 하시거나 적당한 샘플이 나타나게 해주셨다. 진짜 돌파가 임한 것은, 줄리가 본 "성령의 인상"에 실제로 최종 제품에 대한 제조법이 담겨 있었던 것이다. 하나님 왕국의 영역에 신비가 담겨 있었지만, 구하기 전까지는 접근할 수 없었다.

배리와 줄리 부부에게 있어 사상 최고의 기적이 이어졌다. 다시는 아이를 낳지 못할 것이라는 이야기를 들었는데, 주님께서 넷째 아이를 허락해 주신 것이었다. 아들이었다.

더 나은 활

매트 맥퍼슨은 하나님을 향한 큰 열정으로 유명한 사람이다. 그는 음악을 통해 복음을 전하고 예배를 인도하는 일을 사랑한다. 하지만 주말 예배 인도를 한 보상으로 15달러를 건네 받고는 식구들을 먹여 살리기가 대단히 어려울 것임을 실감했다. 그런 일을 겪은 지 얼마 안 되어, 주님께서는 그에게 놀라운 약속을 해주셨다. "내가 너를 번영하게 하여 사역 가운데 자급자족할 수 있게 해줄 것이다." 하나님께서 그 약속에 대해 얼마나 신실하셨는지 간단히 살펴보자.

매트가 삶을 대하는 자세는 신선한 것이다. 왜냐하면 그는 범인이 되는 것을 싫어하기 때문이다. 평균적이 된다는 생각은 끔찍하다. 그는 명성이나 권세에 대한 갈망이 전혀 없지만, 인생에 대해 수동적이 되기는 거부한다. 변화를 일으키고 싶어한다. 하나님을 향한 그의 사랑은, 우러러 남다른 탁월과 창조성을 만들어 냈다.

어느 날 하나님께서는 그의 인생을 영원히 변화시킨 말씀을 하셨다. 하나님께서 세상의 모든 문제에 대한 해답을 아신다고 하셨다. 누구라도 물어보기만 하면 답을 주겠다고 하신 것이다.

매트는 이 약속과 그 순간으로 인한 하나님을 향한 경외심에 압도되었다. 그는 무릎을 꿇고, 자신을 걱정케 한 모든 것을 가지고 하나님께 부르짖었다. 매트는 청년기에 컴파운드 보우(활)를 만들어 쏘는 취미를 가졌다. 그는 어렸을 때 아버지와 형제들과 함께 사냥을 하면서 궁술에 대한 애정을 갖게 되었다. 하나님께서 삶의 모든 문제에 대한 답을 갖고 계시다는 계시를 받은 후, 그는 어떻게 하면 더 좋은 활을 만들 수 있을지 하나님께 여쭸다. 그는 활을 만드는 수백 가지 방법을 알고 있었지만, 활을 만들기 위해서가 아니라 문제가 있을 때 그분께 답을 구하라는 초청에 응하고 싶었던 것이다.

몇 주 후, 새벽 3시경에 그는 눈앞에 종이 조각 하나가 매달려 있는 것을 보고 잠에서 깨게 되었다. 공책에서 찢긴 종이 같았다. 거기에는 새로운 구상이 들어 있는, 컴파운드 보우의 스케치가 있었다. 아내가 뭘 하는 거냐고 묻자, 매트는 말했다. "환상을 보고 있는 것 같아." 실제로 그는 환상을 본 것이었다. 기도에 대한 응답으로 하나님께서는 훗날 매튜 궁시사의 시발점이 된 구상을 주신 것이었다. 이것이 결국 궁시 업계를 완전히 바꿔놓게 된다.

컴파운드 보우에는 본질적인 문제가 하나 있다. 활이 제대로 작동하려면 두 개의 캠(도르래)이 동시에 잘 움직여야 한다. 하나님께서 그 매달린 종이 위에 보여 주신 개념은, 활의 디자인에 있어 전혀 새로운 것이었다. 곧 하나의 캠을 쓰는 것으로, 둘을 동시에 움직이게 만들어야 하는 문제를 제거해 버린 것이다. 이 아이디어 하나만으로도 궁시 업계는 발칵 뒤집혔다.

오늘날 매튜사는 궁시 제조에 있어 전 세계에서 가장 큰 기업이다. 이들은 활만 판매하지 않는다. 우월한 디자인과 탁월한 기능의 제품을 파는 것이다. 양과 질의 조합은 오늘날 기업가에서 찾아보기 드문 융합이다. 하지만 맥퍼슨 가족은 모든 일 가운데 하나님을 높이기 위해 헌신을 함으로써, 하나님의 은총을 더 많이 받게 되었다.

모든 창조적인 아이디어들이 매달린 종이 조각으로 나타나는 것은 아니다. 매트의 이야기가 짜릿하여도, 더 큰 그림은 하나님의 영광을 위해 자신을 완전히 주께 드린 부부의 모습이다. 하나님께서 그들을 미쁘게 여기셨기 때문에 엄청난 가치가 있는 아이디어들을 그들에게 주신 것이다. 매트는 최소 20개의 특허를 소유하고 있으며, 현재 대기 중인 것들도 많다. 그들은 사업을 통한 사역으로의 부르심을 받아들였다. 그는 1998년 보우헌터즈 명예의 전당에 올랐다.

궁시 산업에서 돌파를 맛보기 전, 매트는 다른 가게와 공간을 나눠 쓰는 자동차 수리점을 했다. 어느 날 그는 다른 임차인이 보험료를 더 많이 받을 목적으로 고의로 차량을 손상시키는 것을 보았다. 매트는 상황을 지켜보다가 나섰다. 그 사람의 반응은, 아무도 손해 보는 것 없고 이 업계에서 입에 풀칠하려면 타협을 해야만 한다는 것이었다.

매트는 그가 잘못되었으며 성공은 인격적 청렴의 상실을 거치지 않아도 임할 수 있는 것임을 증명해 보이고자 떠났다. 오늘날 그 사람은 겨우 입에 풀칠하며 살아가고 있는 한편, 매트는 고결한 삶을 살아감으로써 임한 축복을 몸으로 증거하고 있다. 슬픔 없는 부인 것이다.

궁시 장비를 디자인하고 제조하는 데에 활용되었던 탁월과 창조성이 또한 어쿠스틱 기타를 만드는 데에도 쓰인다. 혁신과 품질의 결과로, 이 회사에서 일하는 최고 기술자들은 미국에서 가장 좋은 기타를 만든다. 음악계에서 가장 많은 음반을 파는 아티스트들이 맥퍼슨 기타를 연주한다. 이것은 하나님께서 약속해 주신 축복에 대한 맥퍼슨의 이야기 중 또 다른 증거다. 매트가 하나님께 왜 자신을 택하여 구체적인 임무를 주시는지 여쭈었을 때, 하나님께서 매트를 처음으로 선택하신 것은 아니었지만 그처럼 의지를 보인 사람은 없었다는 사실을 발견하게 됐다. 주어진 임무는 간단하지 않은 것이었지만 성공적이었다.

오늘날 매트와 셰리 부부는 하나님께서 수년 전 약속하신 대로 살아가고 있다. 그들은 자유로이 음악 사역도 하고 여행하며, 전 세계 복음의 행진을 후원하고 있다. 또한 자신들이 영향력을 행사할 수 있는 영역에 하나님의 아이디어들을 전하는 기쁨도 찾게 되었다. 그 결과 그들의 사업은 사역이 된 것이다. 셀 수 없이 많은 사람들이 그들이 비즈니스 세계에서 청렴과 창조성, 탁월을 통해 보이는 사랑과 모범에 감동을 받는다.

노숙자 보호소로부터의 응답

이보다 좀더 독특한 혁신의 표현이 가장 있을 수 없을 것 같은 곳에서 임했다. 캘리포니아 남부의 노숙자 보호소였다. 이곳은 국제 추수 사역 네트워크의 회원인 클레이튼 갈리허가 목회하는 "집 없는 청소년들에게 소망을"이라는 장소다. 클레이튼의 팀은 하나님의 창조적 성품으로 나아가, 그 특권을 자신들의 제자 훈련의 일부로 삼았다. 그 결과 그들은 벌써 전국의 주요 장난감 제조사들의 이목을 사로잡은

12개의 특허를 보유하게 되었다.

이 보호소는 이렇게 사업에 대해 열어 주신 문을 복음을 전하도록 열어 주신 문으로 바라보고 있다. 주요 기업들의 이사진들이 그들의 발명품에 경탄했는데, 그로 인해 그들이 전하는 메시지에 대해서도 마음이 열리게 되었다. 하나님께서 어떤 사람에게 아이디어를 주시는지에 놀랐다고 하면 너무 삼가는 표현일 것이다.

이미 생산 중인 장난감 중 하나는 반중력 호버크래프트 비행기다. 현재 중국에서 제조되고 있으며, TV 마케팅 네트워크를 통해 미국 전역에서 팔리게 될 가능성이 높다. 이 독자적인 장난감은 그 공산 국가에서 이미 많은 이들이 그리스도께 회심하도록 하는 문들을 열어 주었다. 정말 범상치 않은 일이다. 창조성은 거대 기업들의 이목을 끌었고, 사람들이 예수 그리스도께로 향하게 하고 있다!

한 전문가는 호버크래프트와 관련한 그들의 아이디어에 대해 "공기 역학적으로 나는 것이 불가능하다"는 이야기를 했다. 그래서 그들은 기도하러 갔고 하나님께서는 어떻게 만들 수 있는지, 어떤 재료를 써야 하는지, 어떻게 날 수 있는지를 환상으로 보여 주셨다. 그리고 그 작품은 이틀 만에 이미 공중을 날고 있었다.

특이한 장난감들뿐만 아니라, 50개 이상의 '가정용' 발명품들을 만들었다. 이들은 기저귀 발진 치료제로부터 가정의 수도 사용량을 극적으로 절감시켜 주는 장비에 이르기까지 그 아이디어의 범위가 놀라웠다.

그들은 성공의 원인을 세 가지로 꼽는다.

1. 이들은 "열린 하늘" 아래 살고 있다고 믿는다. 예수께서 십자가 상에서 하신 일 덕분에 이들은 하나님과 하나가 될 수 있다. 주님의 창조성은 그리스도를 통해 이들에게 얽혀 있다.
2. 이들은 이 세상에 대한 주권이 있음을 믿는다. 이 세상의 경제와 기술에 대하여 말이다.
3. 이들은 하루 세 시간까지 성령으로 기도한다. 이들은 방언으로 기도할 때 성령의 창조적 본성으로 나아가게 된다고 믿는다.

이들의 놀라운 이야기는 단순히 그리스도인들의 무리가 어떻게 하면 창조적일 수 있는지를 배웠다는 것이 아니다. 이 간증 자체가 전해질 가치가 있는 것이다. 하지만 이것은 이 나라가 "내다 버린" 사람들이 일상의 문제와 도전에 대한 해답을 가져다 주는 이야기다.

이것은 정상적 사역에 대한 기대감 밖에서 작용한 하나님의 은혜와 사람이 받은 환상이 얼마나 놀라운지를 반영하고 있다. 어쩌면 주님께서는 미가 선지자의 선포 가운데 이 부분을 염두에 두셨는지 모르겠다.

"발을 저는 자는 남은 백성이 되게 하며 멀리 쫓겨났던 자들이 강한 나라가 되게 하고…"미 4:7

여행자의 기도

모든 창조적인 표현이 발명이나 문제 해결과 연관되는 것은 아니다. 때로는 이 특질이 우리가 다른 이들에게 하나님의 사랑을 친절하게 표현하는 방식에서도 드러난다. 앞의 세 가지 이야기는 발명과 도안에 관한 하나님의 왕국의 영향력을 다뤘다. 이 다음 이야기는 소통에 대한 것이다.

최근 텍사스 주 댈러스에 갔을 때, 나는 저녁 집회를 마치고 엠버시 스위츠 호텔로 돌아왔다. 코팅된 카드 하나가 베개에 기대어 있었는데, 내 방을 청소한 직원이 남긴 것이었다. 호텔의 특징들을 설명해 놓은 흔한 전단으로 생각한 나는 그냥 한켠에 치워 두었다. 그러다가 문득 보니 기도문이었다. 궁금해서 한 번 읽어보았다. 그런데 그처럼 간단하면서도 심오한, 개인뿐만 아니라 한 도시에도 커다란 영향력을 가진 기도는 본 적이 없었다. 거기에는 하나님 왕국을 중심으로 살아가는 사람들이 어떻게 스스로를 위해 사회에 책임 있는 공헌자가 될 수 있는지 적혀 있었다.

여기서 다시 한번 왕국의 창조적 영향력이 우리가 하는 모든 일 가운데 증거될 수 있고, 그래야 함을 본다. 그 일이 크든 작든 말이다. 이것은 "우리 성문 안에 거한 이방인"이라는 고대의 기도다.

> 이 호텔은 전적으로 돈을 버는 조직이 아니라 사람들을 섬기기 위해 사람이 만든 기관이기 때문에, 여러분이 우리의 지붕 아래 거하는 동안 하나님께서 여러분에게 평안과 안식을 주시기를 소망합니다.
> 이 방과 이 호텔이 여러분의 "집과 같이" 느껴지기를 축복합니다.
> 여러분이 사랑하는 사람들이 생각과 꿈 가운데 여러분 곁에 있기를 축복합니다.
> 우리가 여러분을 사귀지는 못할지 몰라도, 여러분이 집에 머무는 것처럼 편안하고 행복하기를 소망합니다.
> 여러분을 우리 호텔에 데려다 준 그 사업체가 번영하기를 축복합니다.
> 여러분이 하는 모든 통화와 받는 모든 메시지가 여러분의 기쁨이 되기를 축복합니다.
> 떠나는 길도 안전하기를 축복합니다.

우리는 모두 여행자입니다. "태어나서 죽기까지" 우리는 영원 사이를 여행합니다.
이 날들이 여러분에게 기쁨이 되고, 사회에 유익이 되고, 여러분이 만나는 이들에게 도움이 되고, 여러분을 알고 가장 사랑하는 이들에게 기쁨이 되기를 축복합니다.

이 정도 수준의 하나님 왕국의 원리가 호텔 객실 침대 위에 놓여 있다니 놀라웠다. 더구나 메이저급 호텔의 지점인데 말이다. 대부분의 CEO들이 가지고 있는 정치적 공정성에 대한 논란을 생각할 때 특별히 주목할 만하다. 나는 위험을 무릅쓰고 이처럼 긍휼 어린 축복의 기도로 수많은 생명에게 영향을 미치고자 결단한 이 사람을 존경한다. 이것은 그저 강력한 기도의 역할을 할 뿐만 아니라 사람들이 자신의 사고 가운데 왕국의 원리들을 돌아볼 수 있는 기회를 제공한다. 그러면서 왜 이 지구 상에 있는지에 대한 목적의식도 갖게 될 수 있는 것이다.

우리가 무엇을 어떻게 소통하느냐는 분위기를 변화시킬 수 있는 잠재력을 갖고 있으며, 사람들이 본래의 소명으로 돌아가도록 할 수 있는 전후 관계를 놓아 준다. 그러므로 우리의 소통 기술은 성령의 영향력 하에 있어야 한다. 소통을 옳게 하면, 우리의 말은 긍휼과 염려의 표현을 통해 사람들의 삶 속에 하나님의 임재를 풀어놓을 수 있다.

끝나지 않은 이야기

이러한 종류의 해법들을 사회의 최전선에 계속해서 제시하기 위해, 우리는 하늘의 영역에 어떻게 접근할 수 있는지를 배워야 한다. 왜냐하면 우리의 해답은 하늘에 있기 때문이다. 계시의 영이 이것을 가능하게 했다. 다음 장에서는 여기에 초점을 맞춰보자.

PART 7

계시의 영

"우리 주 예수 그리스도의 하나님, 영광의 아버지께서 지혜와 계시의 영을 너희에게 주사 하나님을 알게 하시고." **엡 1:17**

그러나 진리의 성령이 오시면 그가 너희를 모든 진리 가운데로 인도하시리니, 그가 스스로 말하지 않고 오직 들은 것을 말하며 장래 일을 너희에게 알리시리라. 그가 내 영광을 나타내리니 내 것을 가지고 너희에게 알리시겠음이라. 무릇 아버지께 있는 것은 다 내 것이라. 그러므로 내가 말하기를 "그가 내 것을 가지고 너희에게 알리시리라" 하였노라. **요 16:13–15**

CHAPTER 07

계시의 영이 있을 때 번성하고, 없을 때 멸망한다

보이지 않는 것을 보는 사람들은 중요한 자리를 갈망하는 다른 모든 사람들보다 우위에 있다.[1] 이들은 하늘로부터 땅을 향하여 살 수 있는 사람들이다. 우리가 하늘과 영원을 의식하며 살 때, 우리의 사는 방식이 변화되고 사회에 대한 영향력은 극대화된다. 하늘을 가장 또렷이 바라보는 사람들에겐 세상에 대한 갈망이 거의 없지만, 자신의 주변에 가장 위대한 영향력을 행사한다는 것을 보면 정말 놀랍다.

보이지 않는 것들에 대한 인식은 그리스도인의 삶에 있어 주요한 것이다. 실제로 우리에게 그 인식을 가지라고 지시하셨다.

"위의 것을 생각하고 땅의 것을 생각하지 말라. 이는 너희가 죽었고 너희 생명이 그리스도와 함께 하나님 안에 감추어졌음이라." 골 3:2-3

이렇게 예수께서 제자들에게 약속하신 풍성한 삶은 보이지 않는 영역에서 발견된다. 기적과 여러 초자연적 표현들을 통해 주님의 주권들이 나타나는 것은 모두 이 하늘에 있는 세상에 뿌리를 두고 있다. 우리는 주님의 세상에 접근하여 이 세상을 변화시켜야 한다.

미션 임파서블

세상 역사의 흐름을 바꾸는 것이 우리의 임무다. 하지만 우리가 현재 아는 바를 가지고 그 임무를 감당하기에는 너무 멀리 왔다[2]. 우리는 표지판을 보아야 가려는 곳에 갈 수 있다. 표지판은 더 큰 실재를 가리키는 실재다. 출구 표시는 실재지만, 더 큰 무언가를 가리켜 주는 것이다. 실제 출구 말이다[3]. 잘 아는 곳을 여행할 때는 표지판이 필요 없다. 하지만 전혀 가 본 적이 없는 곳을 가려면 표지판이 있어야 한다. 이 표지판들은 우리에게 경이를 회복시켜 줄 것이다.

우리가 더 멀리 나아가려면 하나님의 음성을 새로이 들어야 한다. 매일 우리 앞에 놓여 있지만 눈에 감추인 것들을 보아야 한다. 보고 들어야 할 필요성은 늘 있어 왔지만, 지금과 같은 적은 없었다. 변화하는 하나님의 때에 흔들림 없이 서 있는 열쇠는 계시의 영이다.

바울 사도는 에베소 교회를 위해 기도하면서 이 필요를

이해했다. 그들에게 지혜와 계시의 영을 주시라고 아버지께 구했다. 엡 1:17 참조 많은 이들이 에베소 교회가 성경 가운데 가장 의미 있는 교회라고 본다. 이들은 역사상 가장 위대한 부흥을 체험했다. 어쩌면 니느웨에 이어 두 번째일지 모르겠다. 욘 3 참조 오컬트와 공개적으로 대면한 일이 있었는데, 그로 인해 시민들이 회개하여 사탄의 물건들을 없앴다. 행 19:19 참조 신약에서 가장 눈에 띄는 기적들이 이곳에서 일어났다.

또한 에베소 교회는 바울 사도에게 지적이 없는 편지를 받은 유일한 곳이다. 그 서신 가운데 바울은 성경의 가장 큰 계시라고 볼 수 있는 부분, 즉 영적 전쟁, 남편과 아내의 관계 및 그리스도의 신부와 예수의 관계, 5중 사역, 교회의 본질과 기능 등에 대해 밝혔다.

이렇게 승리하고 있는 지체들을 위해 바울은 이렇게 기도했다. "우리 주 예수 그리스도의 하나님, 영광의 아버지께서 지혜와 계시의 영을 너희에게 주사 하나님을 알게 하시고." 엡 1:17 모든 것을 갖고 있는 사람에게 무엇을 줄까? 보이지 않는 것을 볼 수 있는 눈(계시)과 본 후에 그것을 가지고 무엇을 해야 할지 아는 통찰력(지혜)을 주시도록 기도하는 것이다.

이러한 역사적 사실을 통해 배울 수 있는 근본적인 교훈은 부흥 중에 있는 교회–대단한 가르침과 도시 전역에 대한 영향력을 갖춘-일지라도 더 많은 계시가 필요하다는 것이다. 이건 자동적으로 되는 일이 아니다. 그저 "하나님의 성령을 초청합니다. 기뻐하시는 대로 행하소서"라고 고백하는 것은 충분치 않다.

우리에게 필요하고 우리가 갈망하는 많은 것들이 구체적으로 기도되어야 하며, 쉼 없이 구해야 한다. 그렇게 하도록 하는 것이 바로 지혜와 계시의 영이다. 지혜와 계시를 열정적으로 구할 때에만 그리스도인의 삶 가운데 마땅히 중요한 자리로 그것이 임하게 된다. 이 두 가지 요소는 우리를 종교성의 위험으로부터 지켜 주는 보호 수단이 된다. 으뜸 가는 사도가 으뜸 가는 교회를 위해 이 기도를 했던 것이다.

왜 계시가 필요한가?

아는 것은 우리에게 도움이 된다. 안다고 생각하는 것은 고통이 된다. 계시의 영이 이 둘의 차이를 알게 해준다.

선지자들은 계속하여 지식을 얻지 못하는 민족에게 어떤 일이 일어날지 계시를 통해 경고했다. 모든 지식이 유용하지만 일반적일 수 있다. 하지만 하나님께서 계시를 풀어 주실 때는, 중대한 순간에 구체적인 문제들을 다룰 수 있게 해주는 지식이다. 보통 그것은 삶과 죽음의 차이다. 계시의 지식으로 번영하고 계시가 없이는 멸망한다고 말할 수 있겠다.

내 백성이 지식이 없으므로 망하는도다. 네가 지식을 버렸으니 나도 너를 버려 내 제사장이 되지 못하게 할 것이요. 네가 네 하나님의 율법을 잊었으니 나도 네 자녀들을 잊어버리리라. 호 4:6

또 살펴보라.

그러므로 내 백성이 무지함으로 말미암아 사로잡힐 것이요. 그들의 귀한 자는 굶주릴 것이요 무리는 목마를 것이라. 사 5:13

구약의 호세아와 이사야 선지자는 이 문제를 이해했고, 우리가 직면할 쟁점들에 대해 말했다. 위의 두 구절에는 두 가지 재앙이 언급되어 있다. "망한다"는 말은 "그치다, 완전히 끊기다"라는 뜻이다. 계시가 없이는 이 땅에서 하나님의 목적으로부터 완전히 끊어진다. 주님의 일에 대해 바쁘면서도 여전히 그분의 목적으로부터 분리되어 있을 수 있다. "사로잡힌다"는 말은 의미상 비슷한 번역으로 "제거되다"가 있겠다. 여기서 보여지는 그림은 "가정이나 국가, 지역에서 처벌 받아 공식 추방 당한" 상태의 사람이다. 우리는 주님의 목적으로부터 추방된 것이다. 우리 삶 가운데 역사하는 계시의 영을 떠나서는 그러한 책임의 무게를 감당할

수 없기 때문이다. "시력"을 갖고도 사용하지 않는 것은 손해가 큰 것이다. 눅 12:56 참조

이 문맥 가운데의 "지식"은 경험적 지식이다. 단순히 개념이나 이론으로 아는 것 이상이다. 여기 지식이라는 단어는 창세기에서 친밀한 체험을 나타내기 위해 쓰인 단어와 같다. "아담이 그의 아내 하와를 아니 하와가 임신하여 가인을 낳고." 창 4:1

"성경이 있으니 하나님의 충만한 계시가 이미 주어졌어. 더 이상은 필요치 않아"라고 생각하는 것은 어리석은 일이다. 첫째, 성경이 완전하긴 하지만(더 이상의 책이 추가될 필요가 없다), 성령의 도움 없이는 닫혀 있는 책이다. 거기에 이미 쓰인 것들을 보기 위해 계시가 있어야 한다.

둘째, 우리는 하나님께서 그분의 말씀으로부터 우리가 이해하기를 원하시는 것 가운데 아는 것이 너무 적다. 예수께서도 그렇게 말씀하셨다. 주님께서는 그분의 마음 가운데 있는 모든 것을 제자들에게 가르쳐 주실 수 없었다. 요 16:12 참조 이것이 하나님의 영으로 말미암는 지식이다. 성경의 페이지마다 숨을 불어넣어 주시는 것이다.

그것이 거룩한 만남으로 이어진다. 체험된 진리는 결코 잊혀지지 않는다.

이러한 흐름 가운데 살펴봐야 할 구절이 하나 더 있다.

"묵시가 없으면 백성이 망하거니와." 잠 29:18

신흠정역(NKJV)은 이렇게 번역하고 있다. "계시가 없는 곳에는 백성이 자제력을 떨쳐버린다." 얼마나 커다란 것을 알려 주고 있는가! 많은 이들은 이 구절이 목표와 꿈에 대한 것이라고 생각했다. 그렇지 않다! 이것은 계시의 영이 삶에 주는 영향력에 대한 것이다. 그 계시가 하나님께서 우리를 위해 꾸시는 꿈에 반하는 모든 것들로부터 우리 스스로 얼마나 기쁘게 자제할 수 있도록 해주는지를 말씀하는 것이다. 누군가 말했지만 환상은 고통에 목적을 부여한다.

임무

모든 진리가 동등한 것은 아니다. 진리는 다차원적인 것이다. 어떤 것은 진리인데, 또 더 진리인 것들이 있다. 구약 시대에 문둥병자를 만지면 부정해졌다. 구약의 기본적인 계시는 죄의 능력이다. 신약 시대에 문둥병자를 만지면 문둥병자가 정결해진다. 신약의 주요 계시는 하나님의 사랑의 능력이다. 둘 다(죄가 강력하며 사랑도 강력하다는 사실) 진리를 담고 있다. 하지만 분명 한 가지가 더 월등하다.

성령이 주어진 것은 우리를 모든 진리로 인도하시기 위함이다. 하지만 성령께서 분명히 맡고 계신 일은, 아버지께서 특정한 때에 강조하시는 진리들로 우리를 인도하시는 것이다. 베드로는 이것을 이해하고 이렇게 썼다.

> 그러므로 너희가 이것을 알고 **현재의 진리**에 서 있으나 내가 항상 너희에게 생각나게 하려 하노라. 벧후 1:12

"현재의 진리"는 하나님의 생각 가운데 맨 앞에 있는 진리를 의미한다. 하늘의 바람이 어디로 불고 있는지 판별하는 법을 배우는 것이 현명한 사람이다. 하나님께서 이미 축복하고 계신 일에 참여한다면, 인생과 사역은 훨씬 쉽다.

녹색 신호 구역

많은 신자들이 뭔가를 해야 할 때에 하나님께서 자신들을 인도해 주시리라는 개념을 가지고 산다. 그래서 기다린다. 어느 때는 평생을 기다리기도 한다. 주변에 어떠한 중요한 영향력도 끼치지 못하고 말이다. 그 이론은, 하나님께서 녹색 신호를 보내 주시기 전까지 나는 적색 신호 상태이니 멈춰 있어야 한다는 것이다. 녹색 신호는 절대 안 온다.

바울 사도는 복음의 녹색 신호 구역에 살았다. 성경을 순종하겠다는 확신을 가지기 위해 하늘의 신호를 기다리지 않았다. 예수께서 "가라!"고 하신 것으로 충분했다. 하지만 선교에 대해서 어떤 것이 아버지 마음의 최우선이었는지는 성령을 통해 보아야 했다.

그는 아시아에 대한 부담이 있었고, 거기에 가서 말씀을 전하려 했다. 성령께서는 그를 막으셨다. 인도하지 않으셨다는 뜻이다. 바울은 비두니아로 가고자 애썼지만, 다시금 성령께서 아니라고 하셨다. 다음엔 마게도니아라고 그에게 간청하는 사람의 꿈을 꾸었다. 일어나서는 이것이 자신이 찾던 방향이라고 결론을 내리고, 마게도니아로 가서 복음을 선포했다. 이것은 하나님의 인도하심을 보여 주는 놀라운 이야기다. 행 16:6-10 참조

하지만 논점을 놓치기가 쉽다. 바울은 온 세상으로 가라는 계명 마 28:19 참조 을 지고 살았기 때문에, 성경에 쓰인 대로 순종하려 했던 것이다. 옛 격언이 옳다. 운전하는 데에는 움직이는 차가, 가만히 서 있는 차보다 쉽다. '가는' 생활 방식에 대한 바울의 헌신은 그때에 하나님께서 구체적으로 주시는 방향을 들을 수 있게 했다. 성령께서 잘못된 때에 어떤 곳으로 가지 못하도록 막으셨던 것이다.

계시의 목적

계시는 우리를 더 똑똑하게 만들려고 부어지는 것이 아니다. 통찰력은 계시를 만남으로 주어지는 놀라운 유익이지

만, 우리의 이성은 하나님의 일차적 관심사가 아니다. 계시에 대한 주님의 초점은 우리의 인격적 변혁에 있다. 계시는 하나님과의 만남으로 이어지며, 그 만남은 우리를 영원히 변화시킨다. 만남들은 기절할 만한 체험일 수도 있고, 주님의 평안에 잠기는 단순한 순간일 수도 있다. 그러나 이것들은 "나라가 임하옵시며…"라는 여정의 표시다.

만남이 없는 계시는 우리를 교만하게 한다. 이것은 바울이 고린도 교회에 전달한 경고의 내용이었다. "지식은 교만하게 하며…" 고전 8:1 이성에 실제로 가해지는 효과는 우리가 체험한 변혁의 양에 비례한다. 계시는 믿음의 '경기장'을 확장시키기 위해 임한다. 체험을 통해 진리가 깨달아지게 하도록 풀어지는 '믿음 없는 통찰력'은 진리가 계속하여 증거되지 못하게 한다. 그저 이론인 것이다. 거기서 종교가 태동하는 것이다. 하나님께서 그분의 백성이 강건하길 바란다고 말씀하실 때는, 치유에 대한 신학을 주시는 것이 아니다. 통찰력을 주신 바로 그 영역에 우리가 믿음을 풀어 놓아, 그 계시의 열매를 체험할 수 있도록 하시려는 것이다. 이 경우엔, 사람들을 치유하도록 말이다!

계시는 원어로 '베일을 들다' 혹은 '덮개를 치우다'라는 뜻이다. 진리가 인격적 체험이요 생활 방식이 될 수 있도록, 계시는 더 위대한 기름 부으심의 영역으로 들어갈 수 있게 해준다. 더 위대한 진리, 그 진리를 세상에 증거하기 위해 필요한 더 위대한 기름 부으심 말이다. 기름 부으심은 추구해야지 추정해선 안 된다. 고전 14:1 참조 우리가 가진 기름 부으심의 양이 우리가 살아가는 계시의 양을 나타낸다.

받는 마음

예수께서 가르치시고 믿었던 개념들 중 대단히 불쾌했던 것 하나가, 어른들보다 아이들이 하나님의 왕국에 들어갈 준비가 더 되어 있다는 것이었다. 많은 이들이 이 개념에 대체로 적응했지만, 여전히 특정한 적용 부분에서 어려워한다. 그 이야기를 좀더 다뤄보자.

> 그 때에 예수께서 대답하여 이르시되 천지의 주재이신 아버지여, 이것을 지혜롭고 슬기 있는 자들에게는 숨기시고 어린 아이들에게는 나타내심을 감사하나이다. 마 11:25

아이들이 어른들보다 계시에 더 열렸다는 말이 사실일까? 우리는 더 막중한 개념일수록 성숙한 이들을 위한 것이라고 생각하는 경향이 있다. 그러나 하나님의 시각에서 실로 성숙한 사람은 아이의 마음을 가진 사람이다.

많은 사람들이 성경에서 더 큰 계시를 받을 수 있도록 기도해 달라고 한다. 누군가를 기도로 축복할 수 있다는 것은 항상 명예로운 일이지만, 계시가 어떻게 임하는지 언제 임하는지에 대해서는 거의 이해가 없다. 살면서 가장 큰 기쁨 중 하나는 하나님을 듣는 것이다. 여기에 부정적인 면은 없다. 하지만 하나님의 것을 전수받을 때 따라오는 대가가 있다.

아래는 하나님의 계시 가운데 성장하기 원하는 이들을 위한 실질적 제안이다.

아이와 같이 되라. 마음이 단순하고 겸손하면 하나님을 들을 수 있는 자격을 갖추는 데에 도움이 된다. 난해하고자 하는 갈망은 헛된 마음이다. 수년의 강의를 통해 많은 이들이 발견하는 것은, 많은 경우 간단한 말이 가장 심오하다는 것이다. "그 때에 예수께서 대답하여 이르시되 '천지의 주재이신 아버지여, 이것을 지혜롭고 슬기 있는 자들에게는 숨기시고 어린 아이들에게는 나타내심을 감사하나이다.'" 마 11:25

아는 바에 순종하라. 예수께서는 따르는 이들에게 이렇게 가르치셨다. "사람이 하나님의 뜻을 행하려 하면 이 교훈이 하나님께로부터 왔는지 내가 스스로 말함인지 알리라." 요 7:17 "사람이…행하려 하면…알리라." 하나님의 뜻을 행하려 하는 자에게 명료한 것이 임한다. 순종하려는 의지가 계시를 끌어당긴다. 왜냐하면 하나님께서는 그분의 보물을 비옥한 땅에 투자하시는 최고의 청지기이시기 때문이다. 이것이 마음을 내어드리는 것이다.

'묵상'이라는 성경적 예술을 배우라. "밤에 부른 노래를 내가 기억하여 내 심령으로, 내가 내 마음으로 간구하기를." 시 77:6 성경적 묵상은 부지런하게 탐구하는 것이다. 이단 종교들은 사람들에게 묵상의 방법으로 마음을 비우라고 가르치지만, 성경은 우리의 생각을 하나님의 말씀으로 채우라고 가르친다. 묵상은 조용한 마음과 '지휘에 따른' 생각이다. 어린 아이의 탐구적인 마음에서 솟아나오는 추구로, 말씀 하나를 가지고 마음속에서 숙고하는 것이 묵상이다.

믿음 가운데 살라. 현재 임무 가운데 믿음으로 살면 더 큰 일에 준비되게 해준다. "그 중에 이 세상의 신이 믿지 아니하는 자들의 마음을 혼미하게 하여, 그리스도의 영광의 복음의 광채가 비치지 못하게 함이니 그리스도는 하나님의 형상이니라." 고후 4:4 복음의 빛이 믿는 자에게 임함을 주목하라. 계시는 믿음을 표현하는 사람에게 임한다! 하나님께서 이미 그분의 신비를 주시기로 뜻하셨음 마 13:11 참조을 이해하고 그에 따라 구하며 살라. 그리고 미리 하나님께 감사하라.

이해하는 마음을 받으라. 이러한 종류의 마음은 뭔가가 건설될 수 있는 기반이 된다. 이것은 왕 되신 하나님과 그분의 왕국에 대한 기본적 개념들이다. 알맞은 기초가 건축자

(계시자)로 하여금 와서 그 기초 위에 건축을 하고 싶게 만든다. "명철한 자는 지식 얻기가 쉬우니라."잠 14:6 하나님께서는 기본적 원리들을 잘 가지고 있는 이들에게 신선한 통찰력들을 지혜로 맡기신다. 신선한 통찰들이 임할 때, 이해하는 마음은 그것들을 "끼울 홈"을 갖고 있다. 밭에 쏟아진 씨앗처럼, 그것들은 사라지지 않는다.

하나님께 밤을 드리라. 나는 매일을 마칠 때, 내 마음의 애정을 흥분시켜 성령께로 향하고자 한다. 아주 놀라운 잠드는 방법 아닌가? 아가서는 이것을 시적으로 나타내 주고 있다. "내가 잘지라도 마음은 깨었는데."아 5:2 하나님께서는 밤중에 우리를 찾아와 낮 동안 받을 수 없는 지침들을 주시기를 너무나 기뻐하신다.욥 33:15-16 참조 하나님께 밤 시간을 드리고자 하는 갈망은, 계시가 노력해서 받을 수 있는 것이 아님을 아는 아이의 마음에서 자연스레 우러나온다. 밤 시간에 구체적으로 환상과 꿈을 통해 역사해 주시도록 구하라. 꿈이나 환상을 받게 되면, 받아 적고 그에 대한 이해도 구하라.

이미 받은 것을 내보내라. 말씀을 전할 때에 갈급한 사람들이 여러분에게 '뽑아낼' 수 있는 것을 결코 과소평가하지 말라. 계속해서 주는 자리에 있는 것은 분명히 더 받을 수 있는 방법이다. 사역 가운데 '사로잡혀' 있을 때, 하나님께서 밤중에 무엇을 넣어 주셨는지 볼 수 있게 된다. 주님께서는 우리 마음 깊은 곳에서 아직 우리의 의식으로 처리되지 않은 부분들을 끌어내신다. 잠 20:5 참조

하나님의 친구가 되라. 하나님께서는 그분의 친구들과 비밀을 공유하신다. "이제부터는 너희를 종이라 하지 아니하리니 종은 주인이 하는 것을 알지 못함이라. 너희를 친구라 하였노니 내가 내 아버지께 들은 것을 다 너희에게 알게 하였음이라." 요 15:15 주님께서는 친구들에게 모든 것을 알려 주신다. 모든 것을 공유하고 싶어하실 뿐 아니라, 그분께 모든 것을 구하라고 우리를 초청하셨다. 하지만 다른 이들과 나누는 것보다 듣는 데에 익숙해지라.

가정의 이야기를 상속하라

자라면서 재미있었던 일 중 하나는 우리 집안의 이야기를 듣는 것이었다. 할아버지가 미네소타 주에서 강꼬치고기를 잡았던 일이든 아버지가 고등학교에서 미식 축구를 하던 일이든 상관 없었다. 나는 이야기를 듣는 게 좋았다. 그리고 지난 주에 들었던 이야기라도 상관 없었다. 나는 이야기를 듣고 또 들으며, 매번 좀더 자세히 들을 수 있기를 기대했다. 반복해서 들을 가치가 있는, 나의 유산이기 때문이다.

그러한 관점에서, 예수께서는 매우 경각심이 들게 하는 말씀을 하셨다.

"진실로 진실로 네게 이르노니 우리는 아는 것을 말하고 본 것을 증언하노라. 그러나 너희가 우리의 증언을 받지 아니하는도다. 내가 땅의 일을 말하여도 너희가 믿지 아니하거든 하물며 하늘의 일을 말하면 어떻게 믿겠느냐." 요 3:11-12

"우리"는 아버지, 아들 그리고 성령을 지칭한다. 이것은 예수와 그분의 제자들, 혹은 예수와 천사들을 말씀하는 것이 아니다. 예수께서는 아버지께서 하시는 말씀을 친히 들은 대로 말씀하셨다. 성령께서 그 위에 계셨고, 아버지를 뚜렷이 듣고 보는 것을 성공적으로 가능케 하셨다. 하나님께는 증거가 있고, 그분의 이야기를 듣고자 하는 이들에게 그것을 전달해 주고자 하신다. 주님께서는 이 장의 뒷부분에서도 반복하여 외치신다. "그가 친히 보고 들은 것을 증언하되 그의 증언을 받는 자가 없도다." 요 3:32

"하늘에서 풀린 것을 땅에서도 푸는 것"이 우리의 책임이기 때문에 마 16:19, 우리는 주님의 증거를 듣고자 하는 마음으로 하늘의 계시를 받아야 할 필요가 있다. 그것이 "그리스도 안에서 천상에 앉아 있는" 것의 유익이다. 주님께서는 그분의 증거를 주기를 갈망하시지만, 들을 준비가 된 사람을 찾지 못하신다. 주님께서는 땅의 것들(자연적 출생과 바람의 본성, 요 3:1-8 참조)에 대해 말씀하셨지만, 사람들은 이해하지 못하고 씨름했다. 하늘의 것들에 대해 말씀하고자 갈망하셨지만, 땅에는 비할 것이 없었기 때문이다.

무거운 말씀

예수께서는 그분의 마음속에 있는 모든 것을 제자들에게 가르치실 수 없었다. 더 주고 싶어 아프기까지 하셨지만, 그렇게 아니하신 것은 그분의 말씀의 무게가 그들을 짓누를까 우려하신 것이다.

> 내가 아직도 너희에게 이를 것이 많으나 지금은 너희가 감당하지 못하리라. 요 16:12

그들의 '중량 감당 능력'은 예수께서 하실 말씀을 버티기에 부족했다. 하나님께서 말씀하신다는 것은 창조도 하시는 것이다. 예수께서 선포하고 싶으셨을 말씀으로 창조된 실재는 그들이 감당할 수 없을 정도로 의미가 컸다. 그리고 그들의 삶에 풀어진 영광의 영역은 아직 소유하지 못한 힘과 안정성을 요구하는 것이었다.

하나님께서 그분의 영광을 다른 이에게 주시지 않는다는

것은 옳지만, 우리는 그 '다른 이'가 아니다. 우리는 그분의 몸에 속한 자들이다. 더 감당할 수 있는 능력이라는 것은 성품과 믿음 모두에 달려 있다. 성품은 스스로 영광을 취하지 않고도 소명의 영광스러운 약속들을 받을 수 있게 해준다. 그리고 더 큰 믿음은 성취에 필요한 더 큰 용기와 더불어 선포함으로 반응한다.

성령이 주어진 것은 전혀 새로운 수준의 계시를 받을 준비가 되게 함이다. 성령은 예수께서 하실 수 없었던 곳으로 그들을 인도한다. 어쩌면 예수께서 이런 말씀을 하신 데에도 그런 이유가 있었으리라. "내가 떠나는 것이 너희에게 유익이다." 내주하시는 성령께서는 초대 열두 제자들에게 주어진 것보다 더 많은 예수의 계시를 감당할 수 있게 해주신다.

> 그러나 진리의 성령이 오시면 그가 너희를 모든 진리 가운데로 인도하시리니, 그가 스스로 말하지 않고 오직 들은 것을 말하며 장래 일을 너희에게 알리시리라. 그가 내 영광을 나타내리니 내 것을 가지고 너희에게 알리시겠음이라. 무릇 아버지께 있는 것은 다 내 것이라. 그러므로 내가 말하기를 "그가 내 것을 가지고 너희에게 알리시리라" 하였노라.
>
> 요 16:13-15

성령께서는 우리를 모든 진리로 인도하시기 위해 오셨다. 여기서 '모든'이라는 단어는 휘청거릴 만큼 놀라운 것이며, 그렇게 느껴져야 한다. 그런데 이것을 더욱 놀랍게 하는 것이 진리는 체험되어야 하는 것이라는 깨달음이다. 그러므로 성령께서 모든 진리를 체험할 수 있도록 우리를 인도하시는 것이다. 성령께서는 아버지께로부터 그분의 모든 지시를 받으신다. 성령께서 예수 위에 임하사, 아버지께서 하시는 일과 말씀하시는 바를 알게 해주신 것이다. 그와 동일한 성령의 은사가 동일한 목적으로 우리에게 주어졌다.

성령께서 맡으신 임무 중 하나는 다가올 일들을 알려 주시는 것이다. 주석이나 다양한 참고 자료들을 읽어 보면, 대부분의 사람들이 다가올 것을 알게 된다는 약속이 다가올 재앙에 대해 깨닫게 된다는 뜻으로 이해하고 있음을 알 수 있다. 신학자들은 문제에만 초점을 두는 경향이 있는데, 이것은 영광스러운 교회를 실제로 믿는 이들이 거의 없기 때문이다. 세계의 지도자들로부터 음악가, 배우, 기업 지도자들에 이르기까지 모두가 다가올 재앙에 대해서만 이야기하고 있다. 하나님을 모르는 사람들도 그렇게 할 수 있을 때, 그런 목적이라면 우리에겐 성령이 필요 없다. 오히려 성령이 필요한 것은 다가올 영광을 보기 위함이다! 우리가 계속하여 우선순위를 바로 지켜나갈 수 있도록 도와주기 때문에 곤경에 대한 경고들이 필요하다. 하지만 하나님의 왕국의 신비에 대해 알려 주시는 것이 아버지의 선한 기쁨이다. 그리고 의롭지 못한 자들의 죽음과 파멸에 대해 말씀하시는 데에는 기쁨을 취하지 않으신다. 겔 33:11 참조 여전히 복음을 복음이라 하는 데에는 이유가 있는 것이다.

이어서 이렇게 말씀하신다. "그가 내 영광을 나타내리니 내 것을 가지고 너희에게 알리시겠음이라." 이 구절 가운데 가장 감동적인 것은, 예수께서 이전에 인간의 형상을 입고 우리를 대신해 죽기 위해 포기하셨던 것을 상속하신다는 사실이다. 예수께서 소유하신 모든 것을 단순히 계시해주실 뿐만 아니라 실제로 우리에게 '드러내' 주시는 임무도 성령께서 맡으셨다는 것이 사실이다. 드러낸다는 것은 '선포한다'는 뜻이다! 이 말씀 가운데에 일어나고 있는 엄청난 자원의 이동이 있다. 순서대로 살펴보자.

모든 것이 아버지께 속해 있다. 아버지께서는 모든 것을 아들께 주신다–아들께서는 성령을 통해 모든 것을 우리에게 주신다–성령께서는 선포를 통해 하늘의 자원들을 우리에게로 이동시켜 주신다. 놀랍지 않은가! 그래서 하나님을 듣는 것이 그토록 필수적인 것이다. 하나님께서는 말씀하실 때마다 예수의 유산을 우리 계좌로 이체시켜 주신다. 모든 선포된 약속은 하늘의 자원의 이동으로, 그것이 우리가 헌신한 목적을 성취할 수 있도록 해준다.

유산의 발견

성령의 주요 기능 중 하나는 우리를 향한 하나님의 마음 깊은 곳에 무엇이 있는지를 발견하는 것이다. 체험을 통해 이해하여, 우리의 유산이 무엇인지 깨닫도록 돕는 것이다.

> 오직 하나님이 성령으로 이것을 우리에게 보이셨으니, 성령은 모든 것 곧 하나님의 깊은 것까지도 통달하시느니라…우리가 세상의 영을 받지 아니하고 오직 하나님으로부터 온 영을 받았으니, 이는 우리로 하여금 하나님께서 우리에게 은혜로 주신 것들을 알게 하려 하심이라. 우리가 이것을 말하거니와 사람의 지혜가 가르친 말로 아니하고 오직 성령께서 가르치신 것으로 하니 영적인 일은 영적인 것으로 분별하느니라. 고전 2:10, 12-13

이 유산은 우리에게 거저 주어졌다. 성령께서 우리를 약속의 땅으로 데려가사, 삶을 통해 우리가 올바로 항해하여 우리를 향한 하나님의 아낌 없는 사랑이 얼마나 높고 깊고, 길고도 넓은지를 깨닫게 하시는 것이다. 우리의 것이 무엇인지를 밝히 보여 주신다.

또한 성경이 살아 다가오도록 만들어 주시는 분이시기도 하다. 살아 있는 말씀인 것이다. 주님의 임재, 주님의 방법, 주님의 언어를 인식하는 법을 배우면 우리의 불가능한 임무를 성공리에 수행하는 데에 도움이 될 것이다. 다음 장에서는 거기에 초점을 두기로 하자.

* * *

1. 의미가 있다는 것은 하나님께서 주시는 갈망이다. 유명해지기 위해 사는 것이 그것의 모조품이다.
2. 마틴 스카트의 말을 인용.
3. 딕 조이스의 말을 인용.

PART **8**

살아 있는 말씀을 기뻐하며

우리는 주님께서 지금, 현재를 위해 하시는 말씀을 들을 수 있는가?
그리고 우리 각자에게 다르게 말씀하실지도 모른다는 사실을 받아들일 수 있는가?

주님의 말씀은 당신께서 의도하신 열매를 맺지 않고는 돌아가지 않는다.

사 55:11 참조

CHAPTER 08

초대 교회가 가지지 못했던 책을
초대 교회가 가졌던 성령보다 중시한다면
그들과 동일한 열매를 얻기 어렵다

하나님께서 말씀하시니 세상이 창조되었다. 주님의 말씀은 창조를 이룬다. 하나님을 들을 수 있는 능력, 특별히 그분의 말씀으로부터 들을 수 있는 능력은 거룩한 목적과 실로 창조적인 표현 가운데로 들어가고자 하는 우리에게 의무적인 기술이다. 마치 숨쉬는 것처럼 필요한 것이다. 성경을 공부하고 하나님의 인상(지문)을 쉽게 받을수록 내어드린 마음은 민감한 것이다. 그러한 부드러운 토양 가운데, 하나님의 왕국적 시각이라는 씨앗을 심어 주시면 지구적 변혁으로 자라가는 것이다.

통찰력과 힘을 주는 성경의 특성은 모든 사회와 문화권에 해법을 제시한다. 성경은 범위 면에서 무제한이고, 시간에 구애 받지 않고 완전하며, 인류의 모든 딜레마에 대한 해답을 담고 있다. 성경을 공부하려면 역사적 배경, 히브리어와 헬라어 연구를 초월해야 하며, 때로는 성경을 쓴 인간 저자의 문맥과 의도도 뛰어넘어야 한다. 이제 하나님을 새로이 들어볼 시간이다. 다시 한번 주님의 말씀이 우리의 체험 가운데 살아 있는 말씀이 되는 것이다.

나는 성경이 하나님의 말씀으로서, 오류가 없으며 전적으로 성령의 영감으로 된 것임을 믿는다. 비할 바가 없는 책이며, 어떤 것도 더할 수도 뺄 수도 없다. 하나님께서는 저자들에게 영감을 주셨을 뿐 아니라 어떤 책들이 선택되어 66권으로 완전해지는 성경에 포함되어야 할지를 고른 이들에게도 영감을 주셨다. 나는 성경과 같은 무게와 권위를 갖는 새로운 계시는 없다고 믿는다. 성경만이 다른 모든 지혜의 판단 기준이 된다. 그것이 인간의 지혜든 통찰력이든, 하나님께 직접 계시를 받았거나 천사로부터 전달 받았다고 주장하는 책이든 상관 없다.

하나님께서는 여전히 말씀하고 계시지만, 우리가 듣는 모든 것은 그분께서 주신 말씀 가운데 있는 내용과 일관되어야 한다. 이와 같은 불 타는 확신을 가지고 볼 때, 우리를 보호하기 위해 교회가 제정한 기준과 전통들 중에는 하나님의 살아 있는 말씀으로부터 실상 생명과 영향력을 좀먹는 것들이 있다. 본래의 의도는 그런 것이 아니지만, 의도와 다른 결과를 낳게 된 것이다.

주님의 임재를 인식하지 못할 때 치러야 할 값은 몹시 크다. 특별히 성경에 접근할 때 그렇다. 하나님의 사랑에 대한 노래를 지어 부르고 그것을 말씀으로 기록한 다윗 왕은 매일 주님 앞에 자신을 '설정했다'. 하나님께서 가까이 계시다는 것을 규칙적으로 인식하고 그러한 마음가짐으로 살아가려 의도했다. 성화된 상상력이 참된 실재 가운데로 들어갈 수 있도록 해주는 하나님 손안의 도구다. 나의 접근법은 이렇다. 주님께서 계시지 않은 곳을 상상할 수 없기에, 그냥 나와 함께 계신다고 상상한다. 이것은 무익한 상상이 아니다. 오히려 그 반대로 생각하는 것이 무익한 것이다.

원칙대로 사느냐, 임재 따라 사느냐

주님의 임재를 즐기기보다는 주로 원칙들을 찾아서 적용하는 데에 매인 성경 읽기 방식이 있다. 이것은 좋지만 제한적이다. 하나님 왕국의 원칙들은 실제이며 능력도 있다. 누구에게나 가르칠 수 있는 것이다. 삶 가운데 적용되면, 왕 되신 하나님을 위한 열매를 맺는다. 심지어 믿지 않는 자라도 하나님의 원칙에 따라 살 때 축복을 체험한다.

한 친구가 재정적 어려움을 겪고 있었다. 그는 목사인 이웃을 신뢰했는데, 그 목사는 그의 문제들이 십일조-수입의 10%-로 하나님을 높여 드리지 않아서 그럴 수 있다고 이야기해 주었다. 그리고는 그에게 십일조를 드려서 하나님을 시험해 보라고 도전했다. 주님의 권고가 정확한지 보라는 것이었다. 그 도전을 받아들여 십일조를 했을 때, 그의 삶 가운데는 축복이 부어지기 시작했다. 그는 결국 그리스도께 삶을 드렸다. 왜냐하면 직접 하나님의 사랑을 눈으로 보고 맛 보았기 때문이다. 하지만 왕국의 원칙들은 그가 회심하기 전에도 기능했음에 주목하자. 원칙들을 찾아서 적용하는 일은 믿지 않는 사람도 할 수 있다는 것이다.

원칙들을 트집잡는 것이 아니다. 도시와 국가가 얼마나 변하느냐는 왕국의 원칙들을 얼마나 받아들이는지에 달렸다. 하지만 이것은 그리스도인이 성경에 대해 체험해야 할 것의 핵심이 아니다. 오히려 할 수 있는 한 자주 하나님을 만나기 위해 성경을 읽어야 한다.

하나님 듣는 법 배우기

나는 성경을 공부함으로써 하나님의 음성을 분별하는 법을 배우기 시작했다. 인생의 한 시절 나는 에베소서를 읽는 데에 꽤 긴 시간을 보냈다. 이 구절을 읽었을 때에 성령께서 말씀하시는 것이었다. "깨달아 하나님의 모든 충만하신 것으로 너희에게 충만하게 하시기를."엡 3:19 그 의미가 내 이해력을 뛰어넘는 것들은 체험함으로써만 알 수 있다는 것이라고 하셨다. 이후 단어 공부를 하면서 이것이 원어로 본 구절을 읽었을 때 정확한 의미임을 알 수 있었다.

흔히 나는 필요가 있을 때마다 성경을 찾는데, 하나님께서는 그분의 말씀으로 반복적으로 그 문제를 다뤄 주신다. 한 번은 주님께서 한 구절을 가지고 너무나 명료히 말씀하셨는데, 내가 아는 작가의 본래 의도와 너무나 달랐다. 하지만 그것은 살아 있는 말씀, 곧 검이었기 때문에 내 마음의 가장 큰 필요를 채워 주었다. 수년이 흐른 뒤에야 하나님께서 더 이상 그런 방식으로 말씀하지 않으신다는 것을 알았다.

나는 어떤 규칙들이 있는지 알게 되기 전에 성경을 통해 하나님 듣는 법을 배웠다는 것이 감사하다. 그건 마치 오늘날 기적이 없다는 이야기를 듣는 것과 같다. 지금 같으면 웃어 넘길 말인데, 몇 년 전이었으면 나의 이목을 사로잡았을 것이다. 하지만 이젠 너무 늦었다. 나는 수천 가지 기적을 보았다.

오류를 낳는 오류

성경을 성령보다 더 중시하는 것은 우상 숭배다. 아버지, 아들, 성경이 아니라 성령이다. 성경은 하나님을 계시하지만, 그 자체가 하나님은 아니다. 주님을 담고 있는 것이 아니다. 하나님께서는 그분의 책보다 크시다. 우리는 성령께

의지해 성경의 페이지마다 담겨 있는 내용이 계시되기를 바란다. 그렇지 않으면 닫힌 책이기 때문이다. 그렇게 성령께 의지하는 것이 성경 공부를 하기 전에 인도를 구하는 형식적인 기도보다 훨씬 커야 한다. 연속적이고 지속적이며 삶의 모든 영역에 영향을 미치는, 삼위일체 중 제3위와의 관계인 것이다. 그분께서는 알 수 없는 곳으로부터 불특정한 방향으로 부는 바람이시다. 요 3:8 참조

하늘의 능력으로, 통제되실 수 없으며 우리가 굴복해야 한다. 진심으로 갈급해하는 모두에게 열심으로 하나님의 신비들을 계시하신다. 성령께서는 하늘에서 너무나 귀히 여겨지시기 때문에, 성령께서 임하실 때는 경고가 있다. 아버지와 아들에 대해서는 죄를 지을 수 있지만, 성령에 대해 죄를 지으면 영원히 용서 받지 못할 결과를 낳게 된다.

성령은 충분히 강조되지 않고 있으며, 많은 그리스도인들이 매일 삶과 말씀에 대해 접근할 때에 거의 배제되어 있다. 비이성적인 광신도가 될까 두려워 많은 그리스도인들이 자신들의 삶에 주어진 가장 위대한 보물인 성령과의 관계를 꺼려 왔다. 우리는 하나님의 상속자이며, 성령께서는 우리가 받을 유산의 계약금과 같은 존재시다. 엡 1:13-14 참조

일부에서는 성령에 대해 많이 다루지 말아야 한다고 가르친다. 성령께서 그분에 대해 말씀하지 않으시기 때문이라는

것이다. 허나 아버지와 아들께서는 그분에 대해 하실 말씀이 많다. 두 분께 귀를 기울이는 것이 지혜로우리라. 하나님께서는 찬양과 존귀와 자랑을 받으셔야 하며 우리와 관계하셔야 한다. 성령께서는 하나님이시다.

많은 신자들이 성경에 접근하는 방식은 그 거룩한 저작에 영감을 주신 성령과 일관성이 없다. 우리가 성취하고자 품은 마음들의 대부분은 하나님의 말씀을 통해 그분과의 관계를 재정립하지 않고는 불가능하다. 지금 알고 있는 것만으로도 나아갈 수 있을 만큼 멀리 왔다. 하나님의 성령께서 가르쳐 주시는 것을 받아야 할 뿐만 아니라, 성경에 대한 다른 시각이 필요하다.

상황과 비범한 우연들을 통해 말씀하시는 하나님께서는 그분께서 주신 성경의 페이지들을 통해 다시 한번 말씀하길 원하신다. 문맥상 맞지 않는 것 같고, 저자의 본래 의도와 정확히 맞아떨어지는 것 같지 않다고 해도 말이다.

살아 있는 말씀

하나님의 말씀은 살아 있고 활동적이다. 거기엔 신성한 에너지가 담겨 있어, 항상 움직이며 하나님의 목적을 성취한다. 치료를 목적으로 째는 외과 의사의 메스와 같다. 위로와 치유를 가져다 주는 진통제다. 하지만 내가 강조하고 싶은 점은, 말씀이 본질상 다차원적이며 전개적이라는 것이다.

예컨대, 이사야가 말씀을 전했을 때 그것은 그의 동시대 사람들에게 적용되었다. 하지만 말씀은 살아 있는 것이기 때문에, 그가 전한 내용의 대부분이 다른 날, 다른 때에 궁극의 성취에 이른다. 살아 있는 말씀은 그런 것이다.

하나님께서는 우리가 누구를 섬길지 골라야 한다고 하셨지만, 예수께서는 우리를 선택하셨다고 말씀하셨다. 우리가 그분을 선택한 것이 아니다. 우리는 창세 전부터 예정되어 있었지만, 누구라도 원하면 주님께 나아올 수 있다고 말씀하신다. 예수께서는 "나를 좇으려면 모든 것을 팔아야 한다"고 하셨지만, 부자들에게는 선한 일에 부요해지라고 가르치셨다[1]. 성령께서는 인생 가운데 그때 그때 어떤 진리를 불어넣어 주셔야 하는지 아신다.

전통적으로 서구의 이성적 사고에 부딪히는 것이 어리석은 자를 어떻게 대하는가에 대한 잠언의 지시다. "미련한 자의 어리석은 것을 따라 대답하지 말라. 두렵건대 너도 그와 같을까 하노라." 잠 26:4 그런데 바로 다음 구절은 이렇게 말씀한다. "미련한 자에게는 그의 어리석음을 따라 대답하라. 두렵건대 그가 스스로 지혜롭게 여길까 하노라." 잠 26:5

한 구절은 미련한 자에게 대답을 하지 말라고 하고 그 이유를 설명해 주는데, 그 다음 구절은 대답을 하라고 하고 또 그 이유를 준다. 이것은 히브리적 사고방식에 따르면 모순이 아니다. 히브리 세계관은 진리가 많은 경우 두 개의 상충하는 개념 간의 긴장 가운데 있다고 이해하기 때문이다.

고정적이고 부동적인 사고 방식, 깔끔한 경계와 해석을 갖고 있는 사람은 유동적인 듯 보이는 이성과 기대의 진행 방향에 기분이 상한다. 여기에 우리가 직면하는 큰 도전이 있는 것이다. 우리는 주님께서 지금, 현재를 위해 하시는 말씀을 들을 수 있는가? 그리고 우리 각자에게 다르게 말씀하실지도 모른다는 사실을 받아들일 수 있는가?

모든 진리가 동등하게 창조되진 않는다

진리는 다차원적인 것이다. 어떤 진리는 다른 것에 비해 우월하다. 작은 진리는 보통 더 큰 진리의 초석이다. "내가 너희를 더 이상 종이라 부르지 않고 친구라 부르겠다." 하나님과의 친구 관계는 먼저 종이 된 후에 성립된다. 진리는 본질상 진보적이다. 한 줄 위에 그 다음 줄이 입혀지고, 하나의 가르침 위에 또 다른 가르침이 쌓이는 것이다.

예컨대, 구약의 기본적인 메시지는 죄의 능력을 드러내 주는 것이다. 그 이유 때문에, 문둥병자를 만졌을 때 부정해진 것이다. 죄가 압도적인 능력을 갖고 있다. 죄로부터 도망쳐야 한다! 신약의 주요 메시지는 하나님의 사랑의 능력이다. 그래서 예수께서 문둥병자를 만지시니 깨끗이 나음을 입었던 것이다. "사랑은 허다한 죄를 덮는다." 두 메시지 모두 진리다. 하나가 더 큰 진리다. 사랑이 더 압도적이다!

교회 내에서 사람들이 두 가지 다른 단계의 진리에 헌신되어 있을 때 많은 분열이 일어난다. 우리는 고정적인 규칙과 경계를 선호한다. 구부러지고 변하는 것들은 안 좋아한다. 고정적인 규칙에 대한 이같은 갈망은 율법에 대한 우리의 기본적 선호다. 미리 조정된 경계는 관계에 초점을 두기보다 순종에 초점을 두게 한다. 암기한 규칙과 규정에 매이는 것이다. 그러나 그 반대는 주님의 음성과 임재에 전적으로 매이고, 규칙과 규정들은 다른 단계에 두는 것이다.

간음 중에 잡힌 한 여인이 끌려 왔을 때, 예수께서는 율법이 요구하는 바와 반대되는 주님만의 규칙과 율법을 적용하기로 결정하셨다. 그리고 아버지께서 하시는 바를 본 그대로 하셨다. 순종은 항상 중요할 것이다. 하지만 사랑에서 우러나오는 순종은 규칙을 따르는 순종과 전혀 다르게 보일 것이다. 이스라엘이 규칙을 따라 순종할 수 없음을 알게 되었듯 우리도 마찬가지다.

성경이 변한다고 하는 것은 불편한 개념이다. 성경이 지나가거나 자체적으로 모순이 있다는 뜻은 아니지만, 하나님의 영의 움직임이 항상 커지기 때문에, 그것을 반영하여 '늘어나는 포도주 부대'와 같이 말씀도 변한다. 신명기 23장 1절을 보면, 주님께서 "거세된 남자는 주님의 성회에 들어오지 말라"고 명하신다. 하지만 이사야 53장 3~5절을 보면, 언약을 준수하는 내시에게 끊어지지 않을 영원한 이름이 주어졌다. 마지막으로, 사도행전 8장에서는 빌립이 회심시킨 내시가 에티오피아 최초의 전도자가 된다. 베드로는 이러한 운동을 '현재성 진리'라고 불렀다.

문맥을 떠나

신약에 인용된 구약의 예언들을 공부하다 보면, 예수와 다른 성경 저자들이 구약의 구절들을 문맥과 상관 없이 떼어다가 자신들이 전하려는 메시지를 위해 썼음을 알 수 있다. 성령께서 그렇게 성경이 쓰이도록 역사하셨다고 흔히들 생각하지만, 오늘날은 이렇게 할 수 없는 것이 정경[2]이 완성되었기 때문이다. 성경을 쓰는 데에 사용되었던 원칙을 동일하게 해석하는 데에 사용하는 게 왜 틀린 것일까? 그 규칙은 우리가 체험을 통해 교리를 만들어내고, 정통 기독교를 부정하지 못하도록 하기 위한 것이다. 이유는 근사하지만, 규칙은 성경적이지 않다. 이 시대의 교회에 주어진 풍성한 열매를 맺지 못하도록 하기 때문이다.

규칙이 쓰여진 것은 우리가 성령의 임재와 음성에 익숙하지 않기 때문이다. 문제는 성경을 그르게 해석하는 우리의 경향이 아니다. 성령께서 이 땅에 오셔서 우리 안에 계신 지 2,000년이 지났는데, 아직도 그분을 모른다는 것이 문제다! 규칙은 정답이 아니다. 삼위일체의 제3위를 무시했다는 것에 대한 회개가 너무나 필요한 해결책의 시작이다. 그것만이 우리를 하나님의 영역으로 인도할 수 있다. 이전에는 온 세대가 체험하는 것이 불가능하다고 여겨져 왔던 그 영역으로 말이다.

어떻게 성령께서 성경에 대한 감동을 주실 때에 친히 따르지 않으셨던 규칙을 성경 해석에 적용할 수 있는가? 그리고 정경이 완성되었기 때문에 그 방법이 더 이상은 허용되지 않는다고 하면 그다지 일리가 없다. 성령께서 우리와 함께 계시며, 그분께서 성경을 쓰셨을 때 어떤 의미를 가지셨었는지 알고 계시기 때문이다. 이것은 잠재적 위험성을 가지고 있는데, 일부에서 거룩하지도 정확하지도 않은 교리를 만드는 쪽으로 향하기 때문이다. 하지만 그렇다고 해서 성령께서 그분의 백성에게 말씀하시기 위해 사용하시는, 필요한 도구를 제거하는 일이 정당화되진 않는다. 위험성은 존재하지만, 그보다 더 귀한 가치가 있다. 이것이 필요한 긴장감이다.

터지지 않는 새 부대

 교리는 성령의 기름으로 탄력 있게 보존되는 포도주 부대여야 한다. 단단하거나 유동성이 없다면, 하나님께서 습관처럼 말씀을 열어 주실 때 사용되지 못할 것이다. 하나님께서는 우리가 이미 이해한다고 생각하는 것들을 지식 가운데 더해 주기를 기뻐하신다. 너무 굳어 있으면 지속적인 계시의 무게 아래 교리라는 부대가 터져버린다. 그 최종 결과는 교회가 주변 세상에 대해 부적절하고 무능력해진다는 것이다.

 특정한 신학적 관점을 갖는 것을 선호하고 그 주변에 공적을 세우며, 그 반대 입장에서 말하는 중요한 내용에 대해 귀를 닫고 적대시하기가 쉽다. 예컨대, 나는 배경으로 보면 칼뱅주의자들보다는 아르메니안 정교회에 훨씬 가깝다. 그러나 가장 친한 친구들 중에는 칼뱅주의자들이 있다. 나는 성령께서 그들을 통해 역사하시는 이야기를 듣기를 좋아한다. 왜냐하면 그들이 가르치는 내용에는 신선한 것들이 있기 때문이다. 하나님의 주권에 대해 확신을 갖게 되고, '하나님께서 나를 선택하셨지 내가 그분을 선택한 것이 아니다'라는 확신으로 집회를 떠나게 된다.

 반대로 상반되는 논점을 강조하는 집회에 참석할 때에도 확신을 갖고 떠나게 된다. 자유 의지에 대해, 우리의 선택이 갖는 능력에 대해, 이 지구에 파견된 자로서의 책임에 대해,

그리고 주님의 목적하시는 결과가 그분의 백성의 신실함에 달려 있다는 사실에 대해서 말이다. 어떤 게 진리인가? 둘 다 진리다.

성령께서는 그분의 마음에 있는 것들에 대해 우리에게 말씀하실 수 있는 자유가 있다. 특별히 우리가 자연적으로 거부하는 것들에 대해서 그렇다. 성경적 기초가 있고 하나님의 호흡이 동반되어 구체적인 목적을 위해 다가오는 진리에 대해 우리는 마음을 열어야 한다. 우리의 오류는 특정 관점을 둘러싸고 신학적 기념비를 세워, 성경의 일정 부분들을 배제시킴으로써 교리적 방향에 있어 스스로 안정감을 누리게 하는 것이다.

또한 영적인 아버지들이 아니라 교리들을 중심으로 모이는 경향이 우려된다. 교리 중심적 모임은 교파를 짓지만, 영적인 아버지들을 중심으로 한 모임들은 운동들을 만든다. 우리가 가장 귀히 여기는 교리들도 성령의 영감 하에 확장될 수 있다. 보통 가장 어려워하는 부분은 확장이 아니다.

한눈에 보기에 주님께서 우리가 배워 온 것과 반대되는 말씀을 하실 때가 가장 어렵다. 굳은 교리에 대한 갈망은 주님의 음성을 실제로 듣지 못하는 우리의 무능에 정비례한다. 반드시 주님의 음성을 인식할 수 있어야, 그분의 계시를 받아들일 수 있다. 전통적인 성장 과정에 위배되는 것이라

해도 말이다.

하나님께서는 평생 매일 한 구절씩 우리에게 먹여 주실 수 있을 만큼 크시다. 하나님의 말씀은 무한하도록 깊다. 우리는 어린 아이와 같은 마음으로 이해하는 데에 이르러야 한다. 지금 알고 있는 것이 알아야 하는 것을 받아들이지 못하도록 막을 수 있기 때문이다. 초심을 잃어버릴 때 말이다.

성경의 어떤 분야에 대해서도 전문가가 된다는 것은, 하나님께서 그분의 말씀을 열어 보여 주시는 새로운 것들을 배울 때에 마음을 닫게 만드는 경우가 많다[3]. 다시 한번 강조하지만, 하나님의 계시를 끌어올 수 있는 것은 어린 아이와 같은 마음이다. 마 11:25 참조

예수 그리스도 – 궁극의 계시

모든 것을 변화시킬 수 있는 하나의 계시는 예수 그리스도에 대한 계시다. 바울도 우리가 계시로 알게 될 것이 있다고 하면서 그렇게 말했다. 엡 1:17 참조 그것이 우리를 그리스도의 충만함으로 인도하리라는 것이다. "우리가 다 **하나님의 아들을 아는 것**과 아는 일에 하나가 되어 온전한 사람을 이루어 **그리스도의 장성한 분량이 충만한** 데까지 이르리니." 엡 4:13 성숙으로 들어간다는 것이 하나님의 아들을 아는 것의 결과라는 점에 주목하자. 이 계시는 현재의 교회를 완전

히 바꿔놓을 수 있다. 주님을 보면, 그분과 같아지기 때문이다. 그러면 정확하게 예수를 증거할 수 있게 될 것이다.

예수 그리스도께서는 완벽한 신학이시다. "하나님의 본체의 형상"히 1:3이시다. 아버지에 대한 궁극의 초상인 것이다. 하나님의 본성에 대해 존재하던 구약의 질문들이 신약에서 분명해진다. 하나님의 치유에 대한 절대적 갈망과 공급에 대해 가르칠 때, 나는 이런 질문을 받는다. "욥은 어떤 경우인가요?" 내 대답은 이렇다. "저는 욥의 제자가 아니라 예수의 제자입니다." 욥의 삶은 구원자의 필요성에 대한 인식을 일으키는 데에 한몫 했다. 욥은 문제다. 예수는 답이다. 욥기(와 다른 구약의 문제들)를 공부하면서 예수가 답이라는 결론으로 이어지지 않는다면, 우리는 질문을 전혀 이해하지 못한 것이다. 구약의 유형과 상징들은 신약에 예수를 통해 나타난 하나님의 분명한 현현을 뒤엎지 않는다. 예수라는 인물 속에서 볼 수 없는, 하나님의 본성에 대한 이해는 어떤 것이든 의심해야 한다.

예수께 기적을 구하며 왔다가 실망하고 떠난 사람이 몇이나 있었는가? 하나도 없다! 예수께서는 하나님께 의존한 사람으로서 100% 성공적이셨다. 예수께서는 그분의 장례식뿐만 아니라 참석하시는 모든 장례식을 망쳐놓으셨다.

제자들이 한 아이를 귀신으로부터 해방시키려다가 실패

한 것에 대해 여쭙자, 주님께서는 어떻게 돌파를 이룰 수 있는지 알려 주셨다. 기도와 금식을 통해야만 가능하다고 하셨다.막 9:29 주님의 권고에 반응해 스스로 손에 잡히지 않는 듯한 돌파에 이를 수 있는 방법을 찾아야 할 때다. 주님께서는 하나님의 뜻을 명시하셨다. 그것을 우리의 체험에 맞도록 바꿔선 안 된다. 이제 다시 하나님의 뜻을 명시할 때다.

위험성의 실재와 가치

성경의 페이지들로부터 하나님을 들으려는 사람들이 항상 또렷하게 듣지 못한다는 것은 분명하다. 어떤 이들은 하나님이 아닌데도 하나님께 들은 것이라고 주장하는 큰 실수를 한다. 하지만 성공을 위해서는 실패를 감수할 수 있어야 한다.

목사 안수를 받은 지 얼마 안 되었을 때, 교회의 장로 한 사람이 곧 출산을 앞두고 있다고 했다. 세 번째 아이였는데 꽤 놀라웠다. 이 놀라운 소식에 우리는 모두 함께 기뻐했다. 예정일이 다가올 무렵, 의사는 최악의 소식을 전했다. 아기가 태중에서 죽었다는 것이었다. 부부가 그 소식을 가지고 왔을 때, 우리는 모두 기도 릴레이를 했다. 성경 어느 곳을 봐도 부활에 대한 구절만 보였다. 우리는 그에 근거하여 이 아기가 죽지 않고 살았음을 선포했다. 우리가 아는 한도 내에서 가장 좋은 예언을 했다. 분만일이 되었을 때, 아기는 죽은 상태로 나왔다. 큰 애통이 있었다. 첫째는 부부가 아기를 잃은 것 때문에 마음이 찢어질 것에 대해서였다. 둘째는 우리가 하나님께로부터 정말 듣지 못하고 예언적 선언 가운데 그것을 놓쳤다는 것 때문이었다. 우리는 가족 같은 교회라서 이 비극과 우리의 잘못을 살펴보기 위해 모였다. 그리고 할 수 있는 한 가장 신중하게, 우리가 어디서 하나님을 듣는 데에 실패했는지 밝히며 실망감과 상실감을 이겨내고 모두가 더 밀고 나아갈 것을 격려했다.

그 이후로 의사가 태중에 죽었다고 한 아기들이 두 명 이상 있었는데, 후에 다시 살아서 건강하게 태어났다.(한 자매는 다섯 명의 의료 전문가에게 검진을 받았는데, 모두가 아기가 죽었다는 결론을 내렸다. 모두가 아기를 제거하지 않으면 산모 본인도 죽을 수 있다고 경고했다. 예수께서는 자비롭게도 아기를 태중에서 살려 주셨다) 우리는 엄청난 위험을 안고 있던 영역을, 한 번의 실패는 있었지만, 가장 큰 권세의 영역으로 만들 수 있었다. 포기하지 않았더니 말이다.

20세기 초반 하나님의 능력을 맛보아 더 많은 것에 갈급했던 신자들이 모였다. 많은 이들이 다른 나라에 가서 선교사가 되었다. 그러나 굳이 그 나라의 언어는 배우지 않았다. 왜냐하면 방언을 할 수 있으니 하나님께서 주시리라고 믿었던 것이다. 금세 뒤따른 실망감이 컸던 이유는, 현지에 도착해서 현지어를 할 수 없었던 탓이다. "소망이 더디 이루어지면 그것이 마음을 상하게 하거니와." 좋은 마음으로 애썼던 선교사들에게 당시 이 구절이 그토록 와 닿을 수 없었다. 하지만 오늘날 그러한 기적을 맛본 이들-훈련 없이 외국어를 할 수 있는 기적적 능력을 받은 이들-이 많다.

나는 10개 이상의 전혀 다른 언어를 하는 사람들을 몇 명 안다. 그들 가운데에는 새로운 지역에 전도하러 갔다가 그렇게 된 경우가 많다. 훈련을 얕볼 핑계로 사용되어선 안 되겠지만, 실패했다고 생각한 지난 세대의 노력에 대한 상급으로 이것이 주어진 것이다.

수년이 지난 뒤, 그리스도의 몸 가운데 저명한 지도자가 자신의 교회에선 예언 사역을 의식적으로 없앴다고 내게 말했다. 그는 너무 큰 위험과 너무 많은 잠재적 문제들을 느끼고 있었다. 그를 대단히 존경했기에 내가 다른 의견을 갖고 있다고 말하진 않았지만, 마음속에선 조용한 흥분감이 몰려왔다. 왜냐하면 일반적으로 화폐 위조자들이 10원짜리 동전을 위조하지 않는다. 그 노력의 가치가 없기 때문이다. 대적이 가짜를 만들어내고자 애를 썼다면, 진짜는 굉장한 가치가 있어야 함을 알았다. 영원한 중요성을 갖는 것들만 마귀의 주의를 끌 수 있다. 그 때문에 나는 예언같이 위험성 있는 영역들을 보면 용기가 생긴다.

나의 해법은 같은 마음으로 일할 사람들을 찾고, 공통으로 추구하는 바 가운데에 있는 위험성을 파악하며, 참된 것을 추구하는 중에 겸손하고 책임감 있게 사는 것이다.

위험성에 대한 적절한 대응

이따금씩 은사주의나 오순절 계열의 무리들이 신학적 기초가 빈약하다는 비판을 받는다. 당연히 더 많이 갈급해하는 사람들 중에는 '선을 넘는' 경우가 있다. 교회사 가운데 많은 실수들의 원인이 되기도 했지만, 그렇다고 대부분 혹은 진중한 사람들에겐 그렇지 않았다.

가장 심각한 이단은 주님의 레마 말씀을 듣고 순종하고자 하는 열정적 갈망을 가진 이들 가운데서 나오지 않는다. 대부분의 비극이 나타나는 것은 귀신(빛의 천사)의 방문을 받거나-실제든 상상이든-소위 계시라고 하는 것을 결국 성경의 권위보다 높이는 경우들이 있다. 하지만 역사 가운데 성경의 한 구절이나 문단을 가지고 틀린 영감을 받은 경우가 많이 있는 것도 사실이다. 그 결과 그릇되거나 조악한 교리가 탄생되었다. 남다르고 독창적이어야 한다는 필요가 많은 악성 신학들을 발기했다.

일례로 지난 세기에 한 남성이 변화산 체험에 대한 말씀을 읽고 있었다. 모세와 엘리야가 사라진 후, 제자들은 "예수만" 보았다. 마 17:8 참조 그에게는 교회가 그 오랜 세월 놓쳐 왔던 레마의 계시로 다가왔다. 아버지, 아들, 성령의 삼위일체는 없다는 것이었다. 오직 예수만 있다는 것이었다. 아버지와 성령은 예수께서 다른 형태로 나타나신 것이라는 이해다. 그리고 그렇게 또 다른 이단이 탄생했다.

확신하건대 앞에 언급한 규칙들이 탄생한 것은 우리를 이러한 실수로부터 보호하기 위한 것이다. 그러나 때로는 우리를 오류로부터 지켜 주는 규칙들이 소명을 막아서기도 한다. 이것도 그에 해당하는 경우 중 하나라고 믿는다. 위험하고 본질적으로 중요한 개념들에 대한 적절한 반응은, 낮은 자세로 계속 갈망하며, 위험을 떠안되 책임을 지는 것이다.

그러나 많은 이들에게 있어서 그리스도인의 삶에 대한 더 분석적인 접근이 답이 되어 왔다. 교리와 훈련이라는 측면에서는 안정적이지만, 개인적 체험이 없고 위험 부담이 따르는 기회를 부인하며 감정적 표현과 열정을 반대하는 형태로 말이다. 기독교는 훈련만으로는 결코 알 수 없고, 열정으로 알아지는 것이다. 열정이 없는 자는 자신들이 아는 것보다 훨씬 더 큰 위험에 놓여 있다. 귀신들은 종교적으로 위생적이라, 능력이 없는 환경에 매력을 느낀다.

게다가, 교회 내 많은 교파들이 신앙의 중심에 바른 신학적 기초를 둔 초점은 그리스도의 생명과 능력, 영광을 나타내 주는 하나님과의 만남으로 이어지지 못했다. 예수께서는 바리새인들에게 경고하시며 말씀하셨다. "너희가 성경도, 하나님의 능력도 알지 못하는고로 오해하였도다." 마 22:29 성경과 하나님의 능력은 모두 필수적인 것이다! 그 부분에서 부족하다는 것은 정당화할 수 없다. 신학적 정확성에 대한 흐름과 체험적 기독교의 흐름은 우리가 복음의 충만한 표출을 추구하며 서로를 존중할 때 융합될 것이다.

묵상: 생각하는 사람의 새 부대

성경적 묵상은 뉴에이지 문화에서 조장하는 것과 전혀 다른 생물이다. 그들의 것은 모조품인데, 우리의 생각을 비우도록 독려하여, 어떤 '빛의 천사'라도 들어오고 심지어 통제하는 데에 취약하도록 만들기 때문이다. 안타깝게도, 빈자리를 노리는 악령들이 많다.

참된 묵상은 하나님의 말씀을 두고 하는 향연이다. 사고에 대한 그 절대적 기초가 일련의 방향을 잡는데, 그것은 분명 평생의 여정으로 우리를 이끈다. 곧 성령과의 관계인 것이다. 마음속에 씨앗이 싹틀 시간을 줌으로써 성경에 담긴 생각의 새 부대를 얻는 것이 좋은 시작이다.

"너희는 떨며 범죄하지 말지어다. 자리에 누워 심중에 묵

상하고 잠잠할지어다." 시 4:4

묵상의 풍성한 열매

창세기에는 야곱과 그의 부정직한 장인 라반에 대한, 대단히 이상한 이야기가 나온다. 야곱은 라반을 위해, 거의 영원처럼 보이는 시간 동안 일했고 또 반복해서 기만 당했다. 그는 이처럼 손해가 많은 관계를 깨뜨리고 스스로의 가정을 세워 일으키고 싶었다. 야곱은 지금까지 일한 대가로 가축 떼의 일부를 떼어달라고 거래를 했다. 그러면 스스로 삶을 시작할 수 있을 정도의 밑천이 될 것이었다.

둘은 야곱이 일한 삯으로 모든 얼룩과 반점 있는 양과 염소들을 데려가는 것에 합의했다. 라반은 얼룩과 반점 있는 동물들이 결함 있는 것임을 알고 조건을 받아들인 것이었다. 창세기 30장 37~39절을 보면, 야곱이 이처럼 교활한 계획을 가지고 있었음을 알 수 있다.

야곱이 버드나무와 살구나무와 신풍나무의 푸른 가지를 가져다가 그것들의 껍질을 벗겨 흰 무늬를 내고 그 껍질 벗긴 가지를 양 떼가 와서 먹는 개천의 물 구유에 세워 양 떼를 향하게 하매 그 떼가 물을 먹으러 올 때에 새끼를 배니 가지 앞에서 새끼를 배므로 얼룩얼룩한 것과 점이 있고 아롱진 것을 낳은지라.

동물들이 물을 마시러 왔을 때, 그들은 물 구멍 주변 땅에 얼룩진 막대와 점이 있는 막대를 보았는데, 그곳에서 교미를 했다. 물 마시러 와서 점이 있는 막대기들을 바라보면서 교미를 한 것이다. 그 결과 그들은 점박이와 얼룩더미 새끼들을 낳았다. 그리고 이 모든 것은 물을 마시러 왔다가 본 것 때문이었다.

여러 차례 하나님의 말씀은 물이라고 불린다. 그 물이 우리를 인생의 부정한 것들로부터 씻어 주는데, 구약 시대에 제사장들이 여호와의 존전에 나아가기 전에 정결케 하고자 썼던 물두멍과 거의 같은 역할이다. 피는 죄악을 다루지만, 부정을 해결하는 것은 물이다. 엡 5:26 참조 물두멍이 여인들의 거울로 만들어졌던 것은 우연이 아니다. 성경은 하나님의 말씀이 거울과 같다고 증거하고 있기 때문이다. 고전 13:12, 고후 3:18, 약 1:23 참조

하나님의 의도 가운데 야곱의 이야기로부터 다음과 같은 교훈을 얻을 수 있다. 하나님의 말씀 앞에 나올 때 우리는 보는 것을 그대로 낳게 된다. 이보다 더 흥미로운 것은, 개인적 체험에서 얻어진 바 성경을 읽을 때 마음이 멈추는 곳, 그곳이 내가 성경에서 보는 것을 결정한다. 이는 "지킬 만

한 것보다 마음을 더 지켰는지"에 따라 좋을 수도 있고 나쁠 수도 있다. 잠 4:23

마음속에 악을 품은 사람들은 성경을 잘못 읽음으로써 자신들이 찾고 있는 것을 확증할 수도 있다. 문제는 성경에 대한 방법이나 접근이 아니다. 겸손하고 정직하게, 그리고 주님 앞에 갈급한 마음을 가질 것이냐다. 진리를 간절히 원할 때, 우리는 다른 이들이 계속해서 놓치는 것들을 얻을 수 있다. 하나님의 말씀을 찾는 여정 가운데 불가능이 없게 하는 것은 순전한 마음을 지키는 것이다.

전도에 대한 마음을 가지고 하나님의 말씀 앞에 나아오면, 전도가 성경의 모든 페이지에 나오는 듯하다. 모든 이야기들이 사람들을 향한 하나님의 마음에 대한 나의 이해를 확증해 준다. 그러나 이전에 전도와 관계 없는 것이라고 여겼던 새로운 구절을 펼쳐보라.

재정에 대해서도 마찬가지다. 돈에 대한 생각을 가지고 하나님의 말씀 앞에 나아오면, 성경 전체가 청지기로서의 자세에 대해 가르치는 듯 보인다. 이 원칙은 우리가 생각할 수 있는 어떤 주제에 대해서나 마찬가지다. 이 물두멍으로 무엇을 가져오느냐가 무엇을 보고 낳는지를 좌우한다.

하나님께서는 이 땅에서의 삶 가운데 존재하는 난관과 정신적 충격들에 대한 그분의 해법을 우리에게 주기를 갈망하신다. 이 땅의 영향력과 권세의 자리에서 오는 염려를 주님 앞에 가져올 때, 주님께서는 말씀 안에 숨겨져 있는 그분의 신비를 열어 주기 시작하신다.

예컨대, 두 친구 사이에 일에 대한 다툼이 있다면 하나님께서는 어떻게 평화를 이룰지에 대한 구체적 통찰을 그분의 말씀을 통해 주실 것이다. 사업을 확장해야 할 필요가 있는데 언제 어떻게 해야 할지 모른다면, 하나님께서는 지면의 말씀으로부터 메시지를 주실 것이다. 그 말씀은 살아 있고 즉시 적용이 가능하며, 범위와 능력 면에서 무한하다.

주님의 말씀은 생명으로 이른다. 주님께서 그분의 책에 숨을 불어 넣으시면, 우리 마음 가운데 무슨 일이 생긴다. 생명에 이르는 것이다! 결국 이러한 결론을 내릴 수 있다. 주님의 말씀의 물가로 나아올 때, 우리는 본 대로 낳을 것이다.

말하는 법을 배우라

하나님의 말씀을 공부하면 그분의 마음이 계시된다. 주님께서 선포하신 모든 것은 실현될 것이다. 주님의 말씀은 그분께서 의도하신 열매를 맺지 않고는 돌아가지 않는다. 사 55:11 참조 우리에게는 아버지께서 하시는 말씀을 할 특권이 있고, 그럼으로써 성경적 선포에 맞춰 우리의 세계를 형성할 수도 있다. 그것이 다음 장의 주제다.

※ ※ ※

1. 예수께서도 제자들과 그렇게 하셨다. 먼저는 모두 버리고 따랐다: (마 19:29). 그리고 주님께서 돈을 가지고 무엇을 할지를 가르치시며, 검을 가지고 갈 것을 당부하셨다: (눅 22:36). 하나님께서도 이스라엘에게 마찬가지로 행하셨다. 광야에서 보내는 시간 동안 그들은 모든 것에 있어서 그분을 신뢰하는 법을 배워야 했다. 땅을 소유하지 못한 것은 들어가서 소유하게 될 약속의 땅을 어떻게 갖는지를 배우는 시간이었다.
2. 66권으로 된 성경을 구성하는 신성한 저작의 전집.
3. 하나님께서 진리를 계시해 주실 때, 그것은 항상 이전에 계시해 주신 진리를 기초로 쌓아 올려진다. 이전 것은 버려지지 않는다. 그 위에 신선한 말씀이 세워지는 것이다.

PART 9

세상을 새롭게 디자인하라

하나님의 섭리 안에서, 선포가 없이는 창조도 없다. 하나님의 언약적 약속과 맥락을 같이 하는 신중한 선포는 이 세상 왕국들을 변혁시키는 데에 필수적이다.

"죽고 사는 것이 혀의 힘에 달렸나니…" **잠 18:21**
우리는 말로써 우리의 환경을 디자인도 하고 수정도 한다.

CHAPTER 09

성령은 믿음 없는
신자들의 몸 속에 갇혀 있다

제1장에서 우리는 동물들에게 이름을 지어준 아담의 역할을 살펴보았다. 그는 자신이 살아갈 세상의 자연계를 디자인하는 독특한 책임을 맡음으로써 하나님과 동역했다. 우리가 다시 한번 그와 같은 수준의 권세를 되찾을 수 있을까? 예수의 피의 능력이 그에 못미친다고 생각하는가? 우리에겐 청지기 역할을 수행하기 위해 이렇게 놀라운 도구가 주어졌다. "죽고 사는 것이 혀의 힘에 달렸나니…" 잠 18:21 우리는 말로써 우리의 환경을 디자인도 하고 수정도 한다.

한순간 전에만 해도 존재하지 않았던 것이 단순한 선포를 통해 실재가 된다. 이 도구를 가지고 우리는 세울 수도 있고 무너뜨릴 수도 있으며, 향상시킬 수도 있고 단념시킬 수도 있으며, 생명을 줄 수도 있고 생명을 멸할 수도 있다.

선포된 말에는 이 땅을 풍성하게 할 수 있는 하늘의 자원을 가져올 능력이 있다. 개혁자로서 우리는 무엇보다 우리가 하는 말에 유의해야 한다. 사실상 그를 통해 우리가 살아가는 세상을 짓고 있는 것임을 깨달아야 하는 것이다. 우리에겐 하나님께로 말미암은 말을 하여 그분의 세상과 방법을 드러낼 수 있는 능력이 있다. 조셉 갈링턴 주교가 말했듯, "무언가 말을 하기 전까지 하나님의 왕국에는 아무 일도 일어나지 않는다."

예수께서는 성령께서 하시는 가장 주된 역할 중 하나를 이렇게 표현하셨다. "그가 내 영광을 나타내리니 내 것을 가지고 너희에게 알리시겠음이라." 요 16:14 주님께서는 모든 것이 그분께 속한 것임을 알려 주신 뒤에 이 말씀을 하셨다. 주님의 유업(만물)이 어떻게 우리의 소유로 넘어올 것인지를 가르쳐 주시는 것이다. 곧 선포를 통해 이뤄지리라는 말씀이다. 하나님께서 우리에게 말씀을 하실 때마다, 주님의 하늘 자원이 우리에게로 전해지는 일이 일어난다. 하나님을 듣는 것은 그리스도 안에서 우리가 가진 막대한 유업을 공개하고 발견하는 데에 필수적이다. 이것은 우리의 이해를 초월한다. '만물'인 것이다. 고전 3:21

우리의 유업인 '만물'의 전수라는 것은 이러한 질문을 낳는다. "왜 하나님께서 우리에게 만물을 주시는가?" 하나님께서 우리에게 주신 위임을 이룩하는 데에 만물이 요구되기 때문이다. 하나님께로부터 받은 우리의 임무에는, 이 땅에 그분의 목적을 이루기 위해 '만물'이 우리의 감독 하에 들어와야 하는 부분이 요구된다.

최고의 도구

우리가 사는 세상의 성질을 재정의하기 위해 필요한 가장 중요한 도구는 '격려'라는 은사다. 이것은 하늘의 관심을 모두 가진 심오한 도구다. 천사들이 그 사용을 인식할 때, 그들은 자신들의 임무가 공표되었음을 안다. 이것은 스스로에 대해서나 주어진 상황에 대해 누군가를 기분 좋게 만들려고 쓰는 자연계의 말 이상이다. 본질상 초자연적이며, 하늘과 협력하여 하늘의 응답이 임하게 하는 것이다.

마찬가지로 성령께서도 우리의 유업을 선포해 전달하신다. 그러니 우리는 말을 통해 천상의 영역을 풀어놓는 것이다. 하나님의 섭리 안에서, 선포 없이는 창조도 없다. 시33:6 참조 하나님의 언약적 약속과 맥락을 같이 하는 신중한 선포는 이 세상 왕국들을 변혁시키는 데에 필수적이다.

은혜의 때가 이르러

"예수는 지혜와 키가 자라가며 하나님과 사람에게 더욱 사랑스러워 가시더라." 눅 2:52 예수께서 왜 사람에게 더욱 사랑스러워지셔야(호의를 입으셔야) 했는지 이해가 된다. 그래야 사회 가운데 접근성과 영향력이 생길 수 있기 때문이다. 하지만 모든 면에서 완벽하신 하나님의 아들께서 왜 하나님께 사랑스러워 가셔야 했을까? 알 수 없다. 하지만 내가 아는 것은 이것이다. 예수께서 그분의 임무를 완수하기 위해 하나님께 더 많은 은혜를 입으셔야 했다면, 나에겐 얼마나 더 큰 은혜가 필요할까?

하나님의 왕국과 관계된 대부분의 것들이 그렇듯, 우리는 가진 것을 아낌 없이 베풂으로 무언가 늘어나는 것을 보게 된다. 은총, 곧 은혜도 마찬가지다. "무릇 더러운 말은 너희 입 밖에도 내지 말고 오직 덕을 세우는 데 소용되는 대로 선한 말을 하여 듣는 자들에게 은혜를 끼치게 하라." 엡 4:29

이 구절에서 우리는 덕을 세우는 말을 하면 말을 듣는 사람의 삶 가운데 은혜를 가져오는 것임을 보게 된다. 은혜는 하나님의 은총이다. 아주 높은 가치를 갖는 하늘의 상품이다. 이것이 의미를 갖는 것은, 우리가 섬기기로 선택한 사람에게 하나님의 은총을 끌어다 주는 격려의 말을 통해 변혁이 일어나기 때문이다.

예언을 하는 친구가 하나 있는데, 내가 어떤 교회를 가라고 말하면 가겠다고 했다. 이 친구에게 내가 입은 놀라운 은총은 전해질 수 있는 것이다. 그는 장소를 선택할 수 있는 자유를 내게 주었고, 내가 그에게 입은 은총 때문에 그는 알지도 못하는 교회에 그 은총을 주었다.

비슷한 방식으로 우리는 누구를 격려할지를 선택하게 되는데, 그것은 하나님께서 그분께 받은 은총을 우리가 그들에게도 전할 것을 아시기 때문이다. 이것은 청지기로서 관리의 문제다. 신자들이 정말로 그토록 영원한 여파를 갖는 역할이 주어진 것이냐고 묻는다면, 예수께서 하신 말씀을 상기시켜 주고 싶다.

"너희가 누구의 죄든지 사하면 사하여질 것이요 누구의 죄든지 그대로 두면 그대로 있으리라 하시니라." 요 20:23

존중의 문화

격려는 '존중의 문화'라고 하는 것을 만들기 위해 사용되는 첫 도구다. 우리는 신자들이 각자의 사명 가운데로 나아가고 공의로 우리 사회를 굳건히 하며, 심지어 전도를 할 수 있도록 훈련하는 데에 존중을 사용한다. 우리는 사회 가운데 여러 일면에서 놀라운 결과를 일군 이들을 존중해 왔다.

일반적으로 불신자들은 그리스도인들이 자신들에 대해 좋게 말하는 것에 익숙하지 않다. 기독교는 좋아하는 것보다 안 좋아하는 것을 이야기하는 편으로 알려져 있다.

이러한 결점에도 불구하고, 우리를 다른 이들과 구별되게 할 수 있는 이 놀라운 은사가 있다. 격려할 수 있는 은혜 말이다. 우리가 격려할 때, 그것은 단지 '기분 좋은' 순간을 만들어내는 것이 아니다. 하나님의 은총을 풀어놓는 것이다.

격려가 환경 가운데에 하나님의 초자연적 활동을 풀어놓는다는 사실은 하나님의 왕국 가운데 커다란 주제다. 이사야 35장 4절을 보면, 하나님의 백성이 이러한 말로 서로 섬겨야 한다고 말씀하신다. "굳세어라. 두려워하지 말라, 보라, 너희 하나님이 오사 보복하시며 갚아 주실 것이라. 하나님이 오사 너희를 구하시리라 하라." 이것이 언약적 공급과 하나님의 약속에 기초한 격려다. 약속 덕분에 주어진 것을 취하고 사람의 삶 가운데 그것을 선포하는 것이다.

천군 천사들은 그 성취를 보장하려고 선포된 말씀을 통해 자신들의 임무를 인식한다. 시 103:20 참조 하늘의 놀라운 반응을 주목해 보자. "그 때에 맹인의 눈이 밝을 것이며 못 듣는 사람의 귀가 열릴 것이며 그 때에 저는 자는 사슴 같이 뛸 것이며 말 못하는 자의 혀는 노래하리니, 이는 광야에서 물이 솟겠고 사막에서 시내가 흐를 것임이라." 사 35:5-6 격려라는 초자연적 분위기 안에서는 불가능한 것들이 산출된다.

이 존중의 분위기는 건강을 만들어내고, 그로부터 주변 사람들을 생명으로 섬길 수 있게 된다. 우리가 상황의 피해자가 되는 것이 아니라, 상황이 우리의 피해자가 되며 그것들을 언약적 목적 하에 두게 된다. 롬 8:28 우리는 사회가 전심으로 부르짖는 것에 대한 해답이 되는 것이다.

안에서 밖으로 향하는 삶

하나님의 왕국이라는 영역에 담겨 있는 것은 인생의 모든 문제에 대한 해답이다. 오존층의 위기든, 다투기 좋아하는 이웃과의 어찌할 바를 알 수 없는 관계든, 결혼이나 사업의 실패로 인한 문제든 상관이 없다. 왕의 주권이 미치는 영역에 해답이 있다. 그 통치권 영역이 곧 성령께서 예수 그리스도의 주 되심을 나타내시는 영역이다. 그것은 우리 마음 가운데 먼저 깨달아진다.

예수께서는 이렇게 가르쳐 주셨다.

"…하나님의 왕국은 너희 안에 있느니라." 눅 17:21

하나님의 왕국의 모든 문제는 마음의 문제다. 태도와 야망, 안건들을 적절하게 다루는 것이 우리 삶 가운데 드러나는 하나님의 통치를 향유하는 열쇠다. 성령과 우리의 관계는 우리가 보길 원하는 모든 돌파에 근원이 된다.

"왕국의 비밀을 아는 것이 너희에게는 허락되었으나…" 눅 8:10 하나님의 비밀은 우리의 유업이다. 우리는 주변 사람들을 위해 이 실재에 접근할 수 있는 권한을 부여 받았다. 세상에 밝히 알려질 놀라운 일들이 우리로부터 흘러나갈 것이다. 하나님께서는 세상에 대한 그분의 표현이 그분의 백성 안에서부터 솟아나오도록 뜻하셨다.

이스라엘은 이집트에서 나와 약속의 땅으로 들어가는 가운데 하나님의 통치를 나타내도록 부르심 받았다. 정상적이었다면 이 여정은 최대 2주 정도면 충분했을 것인데, 이스라엘은 40년의 시간을 소요했다. 이들은 40년 동안 광야를 '방황'했다. 실상 이들은 내면에서 체험하고 있는 것을 외면으로 하고 있을 뿐이었다.

"그러므로 내가 이 세대에게 노하여 이르기를 '그들이 항상 마음이 미혹되어 내 길을 알지 못하는도다' 하였고 내가 노하여 맹세한 바와 같이 '그들은 내 안식에 들어오지 못하리라 하였다' 하였느니라." 히 3:10-11

"미혹되다"라는 말은 '방황하다'라는 뜻이다. 이들은 먼저 마음 가운데 방황했다. 그들 내면에 일어나고 있던 일들이 그들 주변의 세상을 창조했다. 다시 말해, 그들 내면의 실재가 외면의 실재가 되었다. 우리가 배워야 할 교훈은 간단하다. 우리 내면에 일어나는 일이 우리 주변에 일어나는 일들에 영향을 미친다. 이 원칙은 건강과 관계, 직업적 성공, 우리의 은사와 사역에 영향을 미친다. 모든 것이 마음으로부터 흘러나온다. 솔로몬은 이것을 깨닫고 이렇게 가르쳤다.

모든 지킬 만한 것 중에 더욱 네 마음을 지키라 생명의 근

원이 이에서 남이니라. 잠 4:23

우리의 마음을 청지기처럼 관리하는 것이 삶 가운데 가장 우선 되는 책임이다. 이것을 성공적으로 행하면 삶의 다른 영역에서도 성공이 보장된다. 마음가짐을 올바르게 지키면, 하나님 뜻에 맞는 행위들이 보증된다. 부주의한 태도는 그릇된 생각의 여지를 준다. 그리고 그릇된 사고는 죄악된 행위로 이어지는 것이다[1].

이 땅의 평화

마가복음 4장을 보면, 예수와 제자들이 생명을 위협하는 폭풍을 마주하게 된다. 놀랍게도 주님께서는 주무시고 계셨다. 나는 사람들이 주님께서 지쳐서 주무셨다고 이야기하는 것을 들었다. 내가 제안하고 싶은 것은, 예수께서 사시는 세상에는 폭풍이 없었기 때문에 주무셨다는 점이다.

예수께서는 '천상의 보좌에 앉는다'는 것이 어떤 의미인지 보여 주고 계셨다. 주님께서 하신 말씀의 적용 그 자체다. "하늘에서 내려온 자 곧 인자 외에는 하늘에 올라간 자가 없느니라." 요 3:13 지구 상에, 분명 그들 바로 앞에 서 계셨음에도 불구하고 하늘에 계셨던 것이다.

그들은 예수를 깨우며 말했다. "우리가 죽을까 염려되지도 않으세요?" 세상의 구원자께 이런 질문을 하다니 참으로 놀라운 일이다. 주님께서는 폭풍에 대해 "평안"을 말씀하셨고 폭풍은 그쳤다. 주님으로 하여금 분쟁 가운데서도 안식하게 했던 평안이 그분께서 풀어놓으심으로써 폭풍을 고요케 하는 그 실체가 되었다.

다시 말해, 주님의 내적 실재가 그분의 외적 실재가 된 것이다. 이것이 우리 안에 있다면, 그것이 진짜라면, 우리를 통해서도 풀어놓아질 수 있다. 우리에겐 어떤 폭풍 가운데서도 잠잘 수 있는 권세가 있다. 그리고 이미 받은 것을 다른 사람에게 줄 수 있다.

거룩한 건강과 번영

하나님 왕국의 이러한 원칙은 우리의 모든 존재와 행위에 영향을 미친다. 이것이 요한3서 말씀에 가려진 핵심인 듯하다. "사랑하는 자여, 네 영혼이 잘됨 같이 네가 범사에 잘되고 강건하기를 내가 간구하노라."요삼 2 다시 한번 우리는 내면을 다스리는 것이 외면에 영향을 미치는 것을 보게 된다.

내 감정과 생각, 의지의 건강이 내 육체의 웰빙에 영향을 미친다. 또한 영혼이 잘 되면 물질적으로, 재정적으로 주님의 축복을 끌어올 수 있다는 점에 주목해야겠다[2]. 이것이 생명의 본성이다. 마음의 실재가 우리 주변 세상의 성질을 정의하는 데에 이바지한다.

집에서와 같이 땅에서도

믿는 가정에서 자란 많은 아이들에게 걸림돌이 되는 것은, 부모가 교회에서 집안에서와 다르게 행동한다는 사실이다. 때로는 철저한 위선이 문제일 수 있다. 하지만 대부분의 경우, 의도는 나쁘지 않으나 마음을 지키는 법을 배운 적이 없는 신자들이 문제다. 불안과 염려가 마음을 지배할 때, 사람들은 자동적으로 가정에서 그러한 분위기를 만든다. 단체로 모였을 때 노래로 부르는 그 기쁨이, 그것이 가장 필요한 장소 곧 가정에서는 이질적으로 느껴진다.

이것은 사실 많은 그리스도인들이 탈진해 버리는 근본 원인이다. 내면에 존재하지도 않는 것을 외면에 지어내도록 하는 압박이 있다. 은혜의 장소로부터 시작하여 일을 하는 것이 아니라, 노동을 통해 은혜를 얻고자 애쓰는 '일 중심의 복음' 가운데 이러한 현상이 나타난다.

때로 우리는 우리의 말이 창조적 능력을 갖고 있음을 알기에 단순히 말을 바꾸는 데에 집중한다. 그래도 마음에서 우러나와 말을 해야 하는 것이다. 마음을 다루지 않고서 외면을 변화시키는 것은 종교적 방식이다. 기적에 대한 강행도 마찬가지다. 내면에 보이지 않는 왕국적 표현이 외면에 나타나게 하고자 애쓰는 것은 종교라는 잔인한 감독이 지키고 있다는 표징이다. 기적을 행하라는 명령 가운데서 우리는 열쇠를 발견하게 된다.

"너희가 거저 받았으니 거저 주라." 마 10:8 '왕의 주권'을 우리 내면에서 체험하는 만큼만 그 왕국을 거저 줄 수 있다. 내면을 다스리는(reign) 것이 외면에 비처럼 내린다(rain). 베드로의 그림자와 마찬가지로, 나를 가리는 무엇인가가 내 그림자를 통해 나타날 것이다. 행 5:15 참조 마음은 온갖 중요한 영적 돌파만이 아니라 모든 종류의 악도 행할 수 있다. 청지기로서 마음을 지키는 것이 거기서 만들어지는 것을 결정한다.

창조주와의 동역

걱정과 질투, 분노, 적의 등으로 묶인 영혼은 일관되게 창조를 할 능력이 없다. 그렇게 되면 그 거룩한 특권 가운데 성공할 수 없는 것이, 본래의 설계도를 떠나 독립적으로 기능하게 되기 때문이다. 충만한 잠재력은 하나님께서 우리에게 가지고 가라고 하신 것을 가지고 갈 때에만 발견된다. "내 짐은 가벼움이라." 마 11:30 사람의 마음이 이러한 것들로 지워지지 않을 때에 자유로이 창조적 표현을 할 수 있다는 것은 상식이다.

이렇게 그림을 그려보자. 8기통 엔진 자동차가 있다면, 여덟 개를 다 써야 최고의 동력을 낼 수 있을 것이다. 여섯 개만 가지고도 운전할 수 있겠지만, 건강하지 않다. 그렇게 움직이도록 차를 설계한 것도 아니다. 사람들은 계속해서

걱정, 두려움 및 기타 감정적 압박을 가지고 사는 법을 배운다. 그리고 결국 자신들의 '모터'가 잘 작동하고 있다고 생각하기에 이른다. 문제는 정상 이하의 생활 방식으로 살면서 정상에 대한 정의를 재정립하도록 배운다는 것이다. 분노심 같은 것을 붙들고 살면, 실상 엔진에서 동력을 배출시키고 중요한 영적 돌파에 이를 자격을 잃게 만든다. 회개가 그 해답으로 나아가는 시작점이다. 그것이 우리를 용서와 우리의 목적으로 이끌어 준다.

100년의 비전

우리는 하나님께서 교회에 대해 100년의 비전을 가지라고 하심을 믿는다. 다시 말해, 우리가 계속해서 만드는 결정들이 우리는 보지도 못할 세대에 영향을 미칠 것을 염두에 둔다는 것이다. "선인은 그 산업을 자자 손손에게 끼쳐도 죄인의 재물은 의인을 위하여 쌓이느니라. 잠 13:22 하나님의 공의는 우리를 선하게 한다. 그리고 그 공의 덕분에 우리는 오늘날 다음 세대가 우리의 결정들의 결과물로 받을 것들을 볼 수 있다.

이 비전이 가능한 것은 오직 거룩한 목적의 발견을 통해서다. 그분의 백성을 향한 하나님의 영원한 목적을 볼 때, 그와 같은 목적과 일관된 생활 방식을 계발할 수 있다. 그 결과물은, 믿지 않는 자들에게도 주님의 목적이 감지될 수 있도록 만드는 것이다.

우리는 그 무엇보다도 하나님의 임재를 품은 사람들이다. 교회는 하나님께서 영원히 거하시는 장소다. 그렇기 때문에 우리는 '하나님께' 드리는 우리의 사역으로 알려진다. 그리고 그것은 우리가 '사람들에게' 더 효과적인 사역을 할 수 있도록 위치를 배정하고 무장시켜 준다.

예컨대 전도의 가장 순수한 형태는 그저 예배로부터 흘러 넘치는 것이다. 하나님의 영광이 구약에서 하나님의 집 가운데-그것을 지은 사람의 손을 통해-보였다면, 하물며 교회라고 불리는 이 집에서는 그 영광이 얼마나 더 나타나겠는가? 하나님께서 그분의 교회를 친히 짓고 계시니 말이다. 마 16:18 참조

우리는 하나님의 지혜가 모든 권세 있는 자들-천상의 정사와 권세들에게도-에게 보이도록 나타내야 한다. 지혜를 통해 임하는 창조적 표현은 이 믿는 자의 무리가 지상의 문제들에 대한 천상의 해답을 가져올 위임을 받았음을 한번 더 보여 주는 것이다.

이는 이 세상의 열등한 지혜를 벗어나 사람이 마음으로부터 부르짖는 바에 대한 해답을 주는 거룩한 지혜로 향하는 전환이 될 것이다.

주님께 권세를 이 땅에 위임 받은 우리는 예수께서 아

버지로부터 받으신 임무를 이어갈 책임이 있다. 그것은 곧 "마귀의 일을 멸하는" 것이다. 요일 3:8 마귀는 패배했지만, 그가 하는 많은 일에 여전히 도전해야 한다. 천상으로 들려 올려지시기 전, 예수님은 아버지께서 그분께 주신 위임을 우리에게 동일하게 전수하셨다. 요 20:21 참조 이것은 "죽이고 훔치고, 멸하러" 요 10:10 온 자에게 영향을 받은 사람들의 삶의 부분들을 노골적으로 다루는 사역 스타일이다.

산을 움직이라

우리가 다음 세대가 즐길 수 있도록 세워가야 한다는 사고 방식에 맞서는 산이 기본적으로 두 가지 있다. 먼저는 우리 자신의 이기심이다. 무엇이 나에게 최선인지만 생각하고, 내가 만드는 침대에서 자야 하는 이들은 놓치기가 쉽다.

히스기야도 그러한 실수를 했다. 그는 자신의 보물을 이방인들에게 전적으로 보여 줌으로써 범죄하였다. 선지자가 이러한 말로 그를 꾸짖었다. "날이 이르리니 왕궁의 모든 것과 왕의 조상들이 오늘까지 쌓아 두었던 것이 바벨론으로 옮긴 바 되고 하나도 남지 아니할 것이요 또 왕의 몸에서 날 아들 중에서 사로잡혀 바벨론 왕궁의 환관이 되리라." 왕하 20:17-18 그토록 위대한 개혁가가 그렇게 많이 추락할 수 있다니 상상이 어렵지만, 그는 이렇게 반응한다. " '당신이

전한 바 여호와의 말씀이 선하니이다'하고 또 이르되 '만일 내가 사는 날에 태평과 진실이 있을진대 어찌 선하지 아니하리요.'" 왕하 20:19

이처럼 위대한 사람이 스스로의 어리석은 선택 때문에 집안에 저주가 임한다는 말씀을 듣고도 어떻게 전적으로 자기 생각만 할 수 있는지 슬프다. 그는 사실 자신이 사는 동안 축복을 누릴 것이라는 말씀에 너무 기뻐, 후손들에게 악을 유산으로 남겨주게 되었음을 생각하지 못했다. 히스기야는 후손들에게 축복이 아닌 저주를 물려줬고, 이것이 위대한 부흥가의 인생의 곤혹스러운 최후다.

두 번째 문제는, 우리가 사는 지구가 하나님의 심판으로 곧 불타버릴 것이라고 믿으면 100년의 비전을 갖기가 어렵다는 점이다. 우리의 소망이 전적으로 하늘에서의 삶에 기초하고 있다면, 우리에게 명령을 주신 것처럼 그분의 주권이 나타나도록 전심으로 일하고 기도하기가 어렵다.

이는 교회 내에서 두 가지 상충되는 듯한 진리 가운데 존재하는 곤란한 긴장이다. 곧 예수의 재림에 대한 우리의 복된 소망과 주님의 왕국(왕의 주권)이 지금 임하도록 기도하고 일할 수 있는 특권이 주는 기쁨 말이다. 그리스도의 재림에 대한 약속은 그분께서 주신 명령에 대해 무책임할 수 있도록 허락해 주는 것이 아니다.

열방의 양과 염소

우리는 삶을 통해 국제 정세의 결과 가운데 극적인 변화를 일으킬 수 있는, 영광스러운 시대에 살고 있다. 우리의 임무는 '불가능이 없는 것처럼' 사는 것이다. 열방을 제자 삼으라는 명령은 비유적인 것이 아니다. 이것은 그 임무를 포용할 때에 하늘의 지원이 따르는 문자적 명령이다.

지금은 열방 가운데 '양'의 나라와 '염소'의 나라가 나뉘는 때다. 교회의 침묵 혹은 거룩한 목적에 대한 불신으로, 그 위임 가운데 우리의 특권을 감당하지 못하게 될 수도 있다. 성령의 엄청난 부으심을 받을 수도 있었을 많은 민족들은 재앙 가운데 종결될 것이다.

어떻게, 그리고 언제 하늘로 들려 올라갈 것이라고 믿든지 상관 없이, 우리는 예수께서 그분의 교회를 '구하러' 오신다는 생각을 지워버려야 한다. 이 거짓말이 마치 '관절이 빠진 듯' 많은 혁명가 세대를 그들의 목적으로부터 분리시켰다. 이는 교회를 '확대'의 목적이 아닌, 지금 갖고 있는 것을 지키려는 방어적 자세를 갖도록 후퇴시켰다. 전진과 확대를 목적으로 하는 정복 전략은 절대적인 왕국의 원칙이다. 달란트를 지키기 위해 묻어버린 사람에게 물어보라. 마 25:24-28 참조 그는 받은 것을 늘리지 않고 보호(보존)의 목적으로 점유(소유)함으로써 그 선택에 대한 영원한 형벌을 받았다.

관리에 있어서의 궁극적 도전

이것은 이제 우리를 이 도전에 있어서 최종적 진리로 이끈다. 이후를 위해 보류되어 있던 것들을 오늘로 가져오는 법을 배워, 세계사의 흐름을 바꿀 기회가 주어졌다. 이것이 마지막 장의 주제다.

* * *

1. 우리는 아이들을 양육하면서 이것이 근원적인 진리임을 발견했다. 옳은 태도를 갖도록 훈육하면 그릇된 행동을 하여 마음 아프게 되는 일을 많이 방지해 준다. 하지만 부모가 이 원칙을 먼저 모범으로 보여야 한다.
2. 기억하라. 하나님 왕국의 부요는 내가 가진 것이 아닌 내가 주는 것으로 측정된다.

PART 10

내일을 오늘로 끌어당기라

주님과 그분의 약속들을 향한 우리의 열정은 성장과 개발의 과정을 촉진시켜, 우리로 하여금 계획보다 빨리 진행될 사건들을 관리할 자격을 부여 받게 한다.

…없는 것을 있는 것으로 부르시는 이시니라." **롬 4:17**

"파종하는 자가 곡식 추수하는 자의 뒤를 이을" 것이라 **암 9:13**

CHAPTER 10

우리는 아직 존재하지 않는 것을 소유하고 있다

이 땅을 하늘의 자원들로 채우려면, 청지기에 대한 우리의 이해가 성장해야 한다. 지도자들이 청지기로서 돈을 관리해야 하는 간단한 역할에 대해 가르칠 때면, 많은 이들이 마음속에 어려워한다. 그리고 자동적으로 더 무게감 있는 주제들-우리의 은사와 시간, 관계 그리고 우리가 사는 세상을 책임 있게 관리하는 일-로부터 스스로 자격을 박탈시킨다. 하지만 청지기로서 우리에게 주어진 최고의 영예는 오늘, 내일을 관리할 수 있는 책임이다.

창조적 표현을 통해 주변의 세상을 구성하는 우리의 역할은 우리가 기쁨 넘치게 내일을 오늘로 끌어오는 법을 배울 때 정점에 이른다. 하나님께서는 말씀을 하실 때마다 우리를 이 역할에 맞게 훈련시키는데, 그러면서 하나님의 왕국을 향한 우리의 애정을 깨우고 확립하신다.

주님의 세상에 마음을 정박한 백성이 이렇게 섬길 최고의 자격을 갖춘 것이다. 주님께서는 말씀하실 때마다 그분의 영원한 목적을 우리 안에 확립하신다. 주님의 말씀은 영원에서 시간 속으로 들어오며, 우리가 달릴 수 있는 길을 허락하신다. 우리를 영원과 연결하사, 하나님의 세상의 영향력으로 우리 세상에 영향력을 미치게 하신다.

유산의 기초

믿는 자의 유산은 인간이 이해할 수 있는 범위를 넘어선다. 그 은사의 풍성함을 영원한 미래 가운데 둔다는 것은 현재 주어진 십자가의 능력을 경시하는 행위다. 주님께서 이해할 수 없을 정도의 은사를 주신 것은, 이성을 초월하는 임무를 우리에게 주셨기 때문이다. 예수께서는 우리가 소명을 이루는 데에 '만물'이 필요하기 때문에 만물을 주셨다. 주님께서는 그분의 영광으로 이 땅을 채우고자 하시며, 그분의 영광스러운 신부가 이에 참예하기를 원하신다.

우리가 이미 내일, 즉 다가올 것들을 상속했다는 사실은 충분히 주목할 만하다. 이 사실은 우리가 상당한 면에서 내일의 청지기가 되게 한다. 하나님께서는 다가올 일들을 우리에게 계시하시고, 우리는 그 사건들의 타이밍을 돌본다. 이 놀라운 특권이 성경 가운데 예시되어 있는데, 이는 이것이 아니면 이해하기 어려울 성경 구절들에 대한 통찰력을 준다.

하나님께서 눈이 멀게 하신 이스라엘

하나님에 대한 이해에 문제가 되는 진술과 원리들을 성경에서 여러 차례 마주하게 된다. 결코 하나님을 악하다든지 믿을 수 없다고 인식할 수는 없다. 그러나 신비스럽고 예측 불가능하실 때가 많다.

요한의 복음서에서도 그러한 경우가 나타난다. 첫눈에 보기에는 하나님께서 이스라엘에 대해 앙심을 품고, 그들을 치유하기 싫어서 그들이 회개하지 않기를 바라시는 듯하다.

> '그들의 눈을 멀게 하시고 그들의 마음을 완고하게 하셨으니 이는 그들로 하여금 눈으로 보고 마음으로 깨닫고 돌이켜 내게 고침을 받지 못하게 하려 함이라' 하였음이더라.
>
> 요 12:40

하지만 성경 전체를 보면 다른 그림을 볼 수 있다. 하나님께서 결코 부드러운 마음을 굳게 하지 않으심을 안다. 하나님께서 말씀하시고 행하시는 바를 받아들이는 것은 부드러운 마음이다. 사람들이 참으로 하나님을 구하는 곳이면 어디든, 주님께서는 큰 자비와 은혜로 그들을 맞으셨다. 깨어진 인생을 회복시켜 주시는 분이기 때문이다. 하지만 굳은 마음은 전혀 다른 이야기다. 왜냐하면 굳은 마음을 더 굳게 하시기 때문이다.

바로가 어쩌면 최고의 예일 것이다. 출 7장 참조 성경은 바로가 여호와께 대하여 마음을 굳게 하였으며, 여러 차례 그리 했다고 말씀한다. 그러니 하나님께서는 결국 바로에 대해 마음을 굳게 하시고, 그의 상태를 불변하게 만드셨다. 바로가 공의의 도구로 쓰이지 않았다면, 하나님께서는 그의 악을 사용하사 주님의 이사를 나타내셨을 것이다. 하나님의 의도는 이제 그를 그분의 목적을 위한 체스 말로 쓰시는 것이었다.

이스라엘도 마찬가지로 굳게 됨으로써 주님의 목적을 위해 사용되었다. 이들은 3년의 시간 동안 예수의 사역을 직접 관찰했다. 우리는 불신으로 거스른 도시가 나사렛 하나인 것으로 알지만, 다른 도시들 역시 엄청난 기적들을 보고도 회개하지 않았다. 마 11:21 참조 하나님께서 이사를 나타내심을 보는 데에는 가격표가 붙는다. 이전과 같이 살(생각하고 행동할) 수 없게 되는 것이다. 기적은 삶의 다른 부분에서는 거의 보이지 않는 하나님의 지배권을 분명히 나타낸다. 보고도 변하지 않는 것은 스스로 심판을 자초하는 행위다. 그것이 이스라엘의 여러 도시에 일어난 일이었다.

하나님께서는 완벽한 지혜를 갖고 계시며, 인간이 그분의 영광을 위해 드릴 수 있는 최악의 것도 사용하실 수 있다. 주님께서는 주권 안에서 이방인을 믿음 가운데로 추가하는 데에 '복음이 거부된 이 때'를 사용하기로 하셨다. 이것이 로마서 11장에 더욱 명료하게 논해진다.

> 그러므로 내가 말하노니 그들이 넘어지기까지 실족하였느냐? 그럴 수 없느니라. 그들이 넘어짐으로 구원이 이방인에게 이르러 이스라엘로 시기나게 함이니라. **롬 11:11**

이스라엘이 예수를 거부함으로써 이방인들이 '하나님의 이스라엘갈 6:16, 롬 11:17-24'이라는 올리브 나무에 접붙여질 수 있는 기회를 얻었다. 이 이야기는 전체적으로 모든 민족과 백성, 나라 가운데서 백성을 구하시려는 하나님의 주권적 계획에 대한 흥미진진한 공부거리다. 하지만 이것을 푸는 것이 이번 장의 목적은 아니다. 오히려 이 놀라운 이야기에 숨겨져 있는 진기한 진리를 봐야 한다. 이스라엘이 하나님의 왕국 내에서 마지막 때에 그들을 위해 목적하신 바를 보고 그것을 구했더라면, 하나님께서는 그들에게 허락하셨을 것이다. 주님의 약속이 성취되기에 옳은 때가 아니었음에도 응답하셨을 것이다. 그래서 그들의 굳은 마음을 눈을 가리는 토대로 사용하사, 주님의 목적이 그분의 시간표대로 성취되게 하셨다. 그냥 "아니다"라고 하시지 않고 이미 굳은 그들의 마음을 굳게 하심으로 응답하사, 그들이 왕국의 가능성을 인지할 능력을 상실하게 하셨다.

이 이야기가 시사하는 바는 이렇다. 보면 가질 수 있다! 더 좋게 이야기해 보자면, 하나님께서 장래에 대한 약속을 보게 해주시면, 그것이 여러분을 사로잡아 더 갈망하게 만들기를 바라서서 그런 것이다. 간절한 마음을 통해서 우리는 이 시간 가운데에 그 약속들이 성취되게 할 수 있기 때문이다.

계시의 목적

'계시'는 '덮개를 들어올리다'라는 뜻이다. 무언가에 대한 가리개를 없애서 더 명확히 볼 수 있게 하는 것이다. 무언가를 만들어내는 것이 아니다. 이미 존재하던 것을 보여주는 것이다. 하나님께서 다가올 사건과 약속들을 계시하실 때는 그분 안에 있는 영역에 대한 접근을 허락하시는 것이다. 우리에게 계시하시는 모든 약속들은 시간이 되면 실현될 것이지만, 그 사건들을 가속화하는 것은 대부분 하나님의 백성이 얼마나 갈급해하는지에 달렸다.

주님과 그분의 약속들을 향한 우리의 열정은 성장과 개발의 과정을 촉진시켜, 우리로 하여금 계획보다 빨리 진행될 사건들을 관리할 자격을 부여 받게 한다.

성경의 전례

요한복음 2장을 보면, 예수와 그분의 모친 마리아가 결혼식에 참석한다. 얼마의 시간이 흐른 뒤 마리아는 잔치에 포도주가 떨어진 것을 알게 된다. 그리고 예수께 그 문제에 대해 말을 한다. 예수께서는 이렇게 대답하신다. "여자여, 나와 무슨 상관이 있나이까? 내 때가 아직 이르지 아니하였나이다."요 2:4 예수께서는 아버지께로부터 배우신 그대로만 말씀하고 행하셨기 때문에요 5:19 참조, 마리아에게 기적을 행하시는 그분의 모습을 계시하실 때가 아직 이르지 않았다고 알려 주신 것이다. 마리아는 아들에 대한 하나님의 약속을 가지고 약 30년 동안 '임신' 상태였기에, 더 이상 오래 기다리기가 어려웠다. 마리아는 종들을 향하여 예수께서 뭐라고 하시든지 그대로 행하라고 말했다. 하늘 아버지께로부터 모든 지시를 받으시는 예수께서는 이제 때가 이르렀음을 인지하셨다. 놀랍다! 하나님의 때가 바뀐 것이다! 다른 때를 위해 보류되어 있던 것 – 예수께서 기적을 베푸심에 대한 계시 – 이 마리아의 간절함으로 인해 그 날로 당겨졌다.

또 한 번은 예수께서 우물가의 여인을 만나고 계셨다. 그녀는 사마리아 사람이었다. 예수께서 미치신 영향이 너무나 깊은 것이라, 사마리아 여인은 온 도시를 설득해 와서 주님의 말씀을 듣도록 했다. 그들은 여인의 간증을 듣고 먼저 믿었는데, 주님과의 개인적 접촉 없이 믿게 되어버렸다.

꼭 기억해야 할 것은 비유대인이 복음을 들을 때가 안 되었다는 사실이다. 마태복음 10장에서 보듯, 제자들은 위임 받을 때 이방인들에게는 전파하지 말라고 명 받았다. 이방인들을 향한 초점은 예수의 죽음과 부활 이후에 임할 것이었다. 하지만 이 이야기에서는 사마리아 사람들이 예수께 간청해 이틀을 더 머무시도록 했다. 이들은 다른 때를 위해 보류되어 있던 것을 자신들의 날로 끌어당기는 특권을 누렸다.

가장 심오한 이야기

다윗 왕은 이 원칙을 보여 주는 가장 위대한 이야기를 만들어냈다. 그가 처한 상황은 우리로서 상상하기가 어렵다. 그는 율법 아래 있었기 때문이다. 대제사장만 실제적인 하나님의 임재 앞에 나아갈 수 있었다. 주님의 임재는 지성소 내부의 속죄소 위에 거했다. 그는 그저 피 담은 그릇을 가져와, 하나님께서 희생을 받으시고 죄의 형벌을 1년 더 미뤄 주시기를 바라며 나아올 뿐이었다. 제사장이 아닌 사람이

한 번이라도 하나님의 존전에 나아오면 죽을 것이었다. 하나님께서 죽이시는 것이다. 그 당시에는 분명 '경솔하게 교회에 가는 태도'는 없었다.

다윗은 하나님의 마음에 합한 자로 알려져 있다. 그는 하나님께 접근하는 방식의 변화에 대한 계시를 받았고, 뜰에서 섬기는 제사장 나단과 갓이 이를 확증했다. 이 통찰은 모든 것을 바꿔놓았다. 다윗은 소와 염소의 피가 진정 하나님의 마음을 만지는 데에 아무런 효력이 없음을 보았다. 그리고 깨어지고 통회하는 제사를 주님께서 찾고 있다는 것을 깨달았다. 당시에 상상할 수 없었던 또 다른 급진적 변화는, 모든 제사장들이 매일 하나님의 존전에 기꺼이 나아갈 수 있었다는 사실이다. 그리고 그들은 피 담긴 그릇을 가지고 간 것이 아니라, 감사와 찬양의 제사를 드리며 나아갔다.

준비가 시작됐다. 악기를 연주하는 사람들과 노래 하는 사람들이 훈련되었다. 이스라엘은 하나님의 임재가 다시 예루살렘에 임하도록 스스로 준비하고 있었다. 이스라엘의 첫 번째 왕 사울은 언약 궤에 대한 관심이 별로 없었다[1]. 그러나 다윗은 다른 무엇보다 주님의 임재를 원했다. 처음엔 언약 궤를 옮기는 데에 하나님의 지시 사항을 따르지 않아서 문제가 있었지만, 다윗은 결국 소원을 이루었다. 언약 궤를 위한 내소를 세우고 큰 잔치를 벌이며 주님의 임재를 성내로 들여와, 내소에 모셨다. 다윗의 지시에 따라, 제사장들은 수십 년 동안 24시간 주님을 섬겼다. 이 내소 안에서는 주님의 임재 앞에 바쳐지는 동물 제사가 없었다. 100퍼센트 경배였다.

두 가지 사실에 주목할 필요가 있다. 첫째는 그들이 행한 것이 그들 위에 있는 율법에 의해 금지된 것이었다는 점이다. 그리고 둘째는 그들이 신약 교회의 삶에 대한 시사회를 본 것과 같다는 점이다. 이제 예수의 피 덕분에 모든 신자가 주님의 임재 앞에 나아가, 감사와 찬양, 경배로 주님을 섬길 수 있다.

다윗은 그 무엇보다도 예배자였다. 청년 다윗은 하나님의 임재와 마음에 대해 엄청나게 많은 것을 배웠다. 그는 신약 신자들을 위해 보류되어 있던 생활 방식을 맛보았고, 그 당시에 그것을 갈구했다. 본 것에 대한 다윗의 갈망이 너무나 강력해져, 하나님께서는 다른 날을 위해 보류되었던 것을 그의 날에 가지도록 허락해 주셨다.

커다란 분열을 넘어

성경의 좋은 약속들을 대부분 취해 '천년 왕국'이라고 부르는 신비한 융단 아래로 쓸어 넣어버리는 나쁜 습관이 우리에게 있다. 마지막 때가 사도행전 2장의 오순절 사건과 더불어 시작되었다고 하면서 마지막 때에 대한 선지자들의 놀라운 약속들이 천년 왕국에 관한 것이라고 말하면 커다란 모순이다. 예컨대 미가 4장 1~2절을 보자.

"끝날에 이르러는 여호와의 전의 산이 산들의 꼭대기에 굳게 서며 작은 산들 위에 뛰어나고 민족들이 그리로 몰려갈 것이라. 곧 많은 이방 사람들이 가며 이르기를 '오라. 우리가 여호와의 산에 올라가서 야곱의 하나님의 전에 이르자. 그가 그의 도를 가지고 우리에게 가르치실 것이니라. 우리가 그의 길로 행하리라.'"

우리 방식에 분명히 오류가 있었음을 알 수 있는 것은, 대부분의 교회가 기다리고 있는 것을 받으려면 믿음이 거의 필요하지 않다는 사실이다. 세상은 점점 나빠질 것이고 교회는 구출 받을 것이라는 점 말이다. 이것은 우리가 받은 위대한 약속에 대한 무책임한 반응이다.

다윗이 그러한 마음 가짐으로 살았다면, 구약 율법의 속박 아래 살아야 했었을 것이요, 우리에게 축제와 기쁨의 생을 증거하지 못했을 것이다. 그는 신약적 믿음이라는 것이 존재하기도 전에 신약적 신자의 삶이 어떤 것인지 예증했다.

특정한 시간대로 미래의 무언가를 가져오는 것이 불가능하다고 볼 수 있었다면, 그것은 바로 다윗의 시대였을 것이다. 율법과 은혜 사이의 장벽이 너무나 커서, 우리가 십자가의 반대편에 있었다면 다윗이 행한 일은 예측이 불가했다.

하지만 갈급한 심령의 간절함이 불가능을 일으켰다. 전적으로 미래를 위해 예비되었던 무언가가 그들의 시간으로 당겨진 것이다. 그것은 다른 날을 위한 것이었을 뿐 아니라 다른 인종을 위한 것이었다[2]. 하지만 다윗은 상상할 수 있는 가장 큰 분열을 이 위대한 삶의 특권이 뛰어넘도록 했다. 그에게는 매일 주님 임재의 영광 가운데로 나아갈 수 있는 권한이 주어졌다! 이는 예수의 피로만 가능한 것이었다.

최고의 도전

실제로 회복된 도시들과 치유된 민족들에 대한 약속이 천년왕국에 대한 약속임은 사실이다. 그리고 하나님의 영광의 약속이 훨씬 더 미래에 이 땅에 나타나게 된다면…그리고 하나님의 백성이 실제로 참된 성숙의 자리에 이르지 못할 것이라면—성숙한 사람으로서 살아갈 수 없다면, 나는 이렇게 질문하고 싶다. 다른 날을 위해 예비된, 성경에서 발견하는 것들을 오늘날로 끌어 당기고 싶을 만큼 갈급한 사람 있는가? 하나님의 더 많은 약속들이 또 다른 거대한 분열을 넘어 나오도록 스스로를 내려놓을 사람 있는가? 아니면 모두가 여호와를 알게 되리라는 약속은 어떤가? 렘 31:34 우리의 도시를 위해 추구할 만한 가치가 있는 것 아닌가?

내가 나누는 것이 진리라면, 누구도 자신의 종말론 뒤에 숨어선 안 된다. 누구도 마지막 때에 대한 교리적 해석을 인하여 제외될 수 없다. 아무도 핑계치 못한다. 다가올 미래의 약속들을 볼 수 있었다면, 주님께서 우리의 눈에서 그분의 의도를 가리시진 않았다. 그리고 부르신 역할로 엮기를 바라고 계신 것이다. "…없는 것을 있는 것으로 부르시는 이시니라."롬 4:17 믿음 있는, 간절한 심령의 역할 말이다. 우리에겐 기도와 중보를 통해 역사의 방향과 흐름에 영향을 미칠 수 있는 기회가 주어졌다. 미래를 붙들 때 그렇게 할 수 있는 것이다. 그래서 주님께서는 우리에게 "다가올 것들" 요 16:13을 보여 주고 싶으셨던 것이다. 미래는 지금 우리에게 속한 것이다.

때의 문제

주님의 왕국은 오로지 더해지고 빨라진다. 그분의 백성의 갈급함이 그 전개와 성장 과정을 촉진시켜 실제로 시간을 앞당기는 것이다. 하나님께서 '때'에 대한 우리의 핑계를 없애려 하신다고 나는 확신한다. 많은 이들은 삶의 대부분을 영적 겨울 가운데 살며 그것을 "하나님의 다루심"이라 부른다. 때에 대한 은유는 변덕, 불신, 낙심, 정지 등에 대한 핑계가 되어 왔다. 이제는 그만해야 한다. 기술이 기하급수적으로 발전한 것처럼, 이 세대의 계발과 성숙도 따라

가야 한다.

하나님의 강가에 심겨진 나무는 일년 열두 달 열매를 맺는다. 이것은 종말 세대의 예언적 원형으로, 예언된 가속화를 체험한 이들을 가리킨다. 그렇지 않고서는 어떻게 "파종하는 자가 곡식 추수하는 자의 뒤를 이을" 것이라고 생각하는가? 암 9:13 이것은 한 동작으로 파종과 추수가 동시에 되는 때에 대한 놀랍도록 예언적인 그림이다. 그렇지 않고서는 우리 가운데 가장 약한 자가 다윗 같고, 가장 강한 자가 하나님 같다는 스가랴의 예언과 같은 성숙에 어떻게 들어갈 수 있겠는가? 이러한 일들은 우리 바로 앞에 있는 때를 위해 보류되어 있다. 바로 오늘, 내일을 붙들자. 우리는 시간을 낭비해 놓고 하나님을 탓할 수 없다. 지금은 깨달아야 할 때이다. 왜냐하면 볼 수 있기 때문이다!

무화과를 저주하신 데에서 우리가 배워야 할 메시지가 있다. 예수께서 무화과를 저주하신 것은 '때가 아닌데' 열매를 맺지 못해서였다. 그리고 나무는 즉시로 죽었다. 주님께서 비이성적인 행동을 하신 것일까? 감정을 주체 못 하셨을까? 아니면 우리가 쉽게도 무시해 버리는, 인생에 대한 그분의 기대에 대해 무언가를 보여 주려 하신 것일까? 불가능을 위해 지으신 것들로부터 불가능의 열매를 기대하실 권한이 그분께는 있다. 우리 안에 있는 부활하신 그리스도의 영이 평범하고 일상적인 것들로부터 우리를 무관하게 하셨다. 우리에게는 불가능에 대한 능력이 있다. 왜냐하면 믿음 있는 신자이기 때문이다. 신앙은 우리에게 불가능에 대한 능력을 준다.

우리 기도의 집에는 일년에 두어 달 정도 꽃을 피우는 식물이 있다. 그러나 주님의 임재가 기도의 집에 임하니, 일년 내내 꽃을 만개하고 있다. 주님께서는 이러한 진리들을 가리키는 자연적 현상들로 우리의 이목을 끌고 계신다.

새 날

하나님께서는 그분의 백성들의 갈망을 사용하사 오늘날의 가속도가 더 세지게 하시며 전개 속도에 급격한 변화를 일으키려 하신다. 완전 새로 믿은 이들은 무엇이 가능하다고 말해 줄 '성숙한' 이들을 기다리지 않는다. 그들은 성경을 읽었기 때문에 무엇이 합법적인 것인지를 안다.

몸에 문신과 피어싱을 하고 죽음에 대한 두려움이 거의 없는 이 세대는 '의미'라고 하는 가능성에 갇혀 있다. 그들은 이전 세대들이 불가능이라고 부르는 것을 보았기 때문에 그보다 못한 어떤 것에도 안주하지 않을 것이다. 최소한 나는 그들과 더불어 진정한 복음을 찾는 여정에 동참할 것이다. 거기에는 벽도, 불가능도 없이 왕과 그분의 왕국에 대한 절대적 복종만 있다.

하나님께서는 우리를 전략가로 만드시고자 다가올 일들을 계시해 주시는 것이 아니다. 주님께서 우리에게 미래를 보여 주시는 것은 불만족스럽게 하시려는 것이다[3]. 왜냐하면 갈망하는 이들은 그 누구보다 능히 하늘의 자원을 움직일 수 있기 때문이다. 부자들이 하나님의 왕국에 들어가기가 그토록 어려운 진짜 이유가 이것이다. 진정한, 보이지 않는 것들에 대한 갈망이 없다는 것이다. 열등한 것들로 부요한 그들은 갈망이 마비되었다.

싸움의 목적

2년 전 나는 아버지의 치유를 두고 돌파를 간구하고 있었다. 결국 아버지는 예수께서 계신 본향으로 돌아갔다. 하지만 이것은 또 다른 날을 위한 이야기다. 필요한 등식의 하나님 쪽에는 결핍이 없다고 해두자. 움직이려 하지 않는 4톤이 넘는 바위를 미는 느낌이었다. 몇 달 동안 바위를 밀어도 결코 꼼짝 안 했다. 우리는 아버지의 환송식을 가지며 사람들의 수명을 단축시키는 것들에 대항하여 계속 맞서기로 서약했다.

4톤 넘는 바위를 움직이진 못했지만, 이제 옆에 있는 2톤짜리 바위는 능히 움직일 수 있다는 사실을 깨닫기까지는 그리 오랜 시간이 걸리지 않았다. 그렇게 큰 바위에 맞서 싸우기 전에는 이만한 바위를 움직일 수 없었다. 싸움은 우리를 적응시키고 전보다 큰 것을 감당할 수 있게 해준다. 이전에는 손댈 수 없었던 사역의 영역들 가운데 기름 부으심으로 문을 열어 준다.

때때로 하나님께서는, 주변의 어떤 이들보다도 그분 안에서 우리의 체험을 늘려 주시고자 싸움을 사용하신다. 나는 이것을 '인간 체험의 스파이크'라고 부른다. 과거 높은 자리에 올라가는 체험을 하며 거기에 따른 특별한 기름 부으심과 은총을 맛본 사람들은 그것을 사용해 다른 사람들을 끌어 모아 그들의 은사를 받게 했다. 그것이 항상 은사의 목적 가운데 하나이긴 하지만, 하나님의 전적인 의도에는 미치지 못한다.

높아지는 체험은 그리스도의 몸을 무장시킬 수 있는 위치다. 그리하여 한때 한 개인의 돌파라는 높은 지점이었던 것이 교회에 대한 새로운 기준이 되었다. 싸움은 공유되어야만 하는 돌파를 가져온다. 뜨거운 날에 노동함으로 치른 값을 인하여 모두가 유익을 누려야 한다. 이것이 바로 하나님의 방식이다.

꿈꾸는 자들, 모여라

우리는 경주를 하고 있다. 이것은 현재의 상태와 바뀔 수 있는 상태 간의 경주다. 우리는 역사상 가장 부요한 유산을 가지고 독특하게 배치 받았다. 이것은 인류가 하나님을 만나고 하나님께서도 인류를 만나시는 수천 년을 통해 축적되어 온 것이다. 죽은 의인들이 바라보고 있다. 그들은 천상의 자리에 앉아, "허다한 증인들"히 12:1이라는 이름을 받았다. 그들은 릴레이 경주 가운데 마지막 주자가 어떻게 마치느냐에 따라 모든 주자가 상을 받는다는 것을 깨닫는다. 그들은 경주의 마지막 구간을 위해 우리에게 투자했고, 이제 우리가 받은 것으로 무엇을 할 것인지 보려고 기다리고 있다.

우리는 꿈꿀 수 있는 능력을 부여 받았고, 더불어 하나님과 꿈꿀 수 있게 되었다. 주님의 언어는 계속해서 베일을 벗으며, 주님의 마음이 전수되고 주님의 선하심을 과장할 수 있는 허가가 주어졌다. 직면한 문제들을 풀 수 있는 지혜를 통한 창조성을 사용해 이전 세대들의 업적을 초월할 수 있는 권한을 우리는 받았다. 그들의 천장이 우리의 바닥이다. 이제 우리가 달려야 할 때다.

어린 아이들만 준비되었다

나는 어렸을 때 부모님이 손님들을 집으로 초대하던 것이 기억난다. 음식과 재미 있는 시간을 함께 보낼 수 있다는 것이 늘 흥분되었다. 그러나 손님들이 아직 거실에 앉아서 즐겁게 이야기 나누고 있는데 나홀로 자러 방으로 들어가야 한다는 것이 고통스러웠다. 내 방에 메아리 치던 웃음 소리는 마치 고문 같았다. 그런 분위기 속에 나는 결코 잘 수 없었다.

때로는 더 이상 참지 못하고 조용히 복도로 빠져 나와 가만히 듣고 있곤 했다. 아무것도 놓치고 싶지 않았다. 부모님한테 들키게 되면 보통 방으로 돌려 보내졌다. 그러나 내 호기심이 대단히 익살스럽다고 생각하여, 조금이라도 더 나와 있을 수 있도록 해준 경우도 있었다. 위험을 감수할 만한 가치가 있었던 것이다!

나는 다시 복도에 서있다. 그리고 내 세대가 체험할 수도 있었을 무언가를 놓친다는 생각은 순전히 고문 같다. 이런 분위기 속에서 나는 도저히 잠을 잘 수 없다. 왜냐하면 잠이 들면 내가 태어난 이유를 놓칠 것을 알기 때문이다.

✳ ✳ ✳

1. 금으로 덮인, 속죄소 아래의 상자—여기에 이스라엘의 하나님의 임재가 있었다.
2. 신자들은 진정 새 피조물, 새로운 인종이다. 고후 5:17, 벧전 2:9 참조.
3. 부흥을 유지하는 비결 중 하나는 하나님께서 하신 일에 감사하면서 앞으로도 더 있음에 불만족한 마음을 갖는 것이다.

하나님과 꿈꾸기

지은이 빌 존슨
펴낸이 김혜자
옮긴이 고병현

개정판 1쇄 2013년 5월 30일

등록번호 제16-2825호 | 등록일자 2002년 10월
발행처 다윗의 장막 | 주소 서울시 강남구 대치2동 982-10
전화 02)3452-0442 | 팩스 02)3452-4744
www.ydfc.com
www.tofdavid.com

값 13,000원
ISBN 978-89-92358-81-1 03230

* 잘못된 책은 바꿔 드립니다.
다윗의장막미디어는 영적 부흥과 영혼의 추수를 위해 책, CD, Tape, 영상물들의 매체를 통해
하나님 나라가 가정, 사업, 정부, 교육, 미디어, 예술, 교회로 확장되는 비전으로
나아가고 있습니다.